シリーズ　話し合い学をつくる　1

市民参加の話し合いを考える

村田和代　編

ひつじ書房

はじめに

　近年の社会生活において、一般市民がさまざまな話し合いに参加する機会が増えてきました。自治会やPTAといった身近な会合における意思決定に限らず、まちづくりをめぐる話し合いやサイエンスカフェなど、その分野の専門家と専門的知見を持たない参加者が、意見交換や意思決定をする場面も増えてきています。1990年代後半から公共事業の見直しがはじまったことや、今世紀に入り社会の持続可能性が問われるようになったことから、まちづくりや環境など、幅広い政策分野で市民参加が取り入れられるようになってきました。2009年には裁判員制度が創設され、司法の場でも一般市民の参加の導入が始まりました。さらに、震災復興にあたり、まちづくりに積極的に市民が関わる事例が増えてきました。市民が重要な社会的意思決定の場に参加し、話し合いを重ねながら政策や判決に影響を及ぼすようになってきたと言えるでしょう。

　教育現場では、小中高校、大学を通して、アクティブ・ラーニングが重視されるようになってきました。背景の異なる他者に対して自分の主張をわかりやすく伝えるだけでなく他者の主張を傾聴して理解する能力や、多様な意見から合意を導く能力の育成が求められています。実際に地域に出かけて現場の方々とのコミュニケーションから主体的に学ぶ活動も積極的に取り入れられるようになってきています。キャリア形成で求められる「社会人基礎力」でも、チームで協力して課題発見や課題解決を行う能力が求められています。これらの能力はどれも「話し合い」ができる能力と言えるでしょう。

　今、あらためて「話し合い」について考えるべきではないか。2015年1

月に開催した「市民参加の話し合いを考える」ラウンドテーブル（於：龍谷大学、主催：龍谷大学地域公共人材・政策開発リサーチセンター）は、このような思いをもった研究者が集まる機会となりました。多様な研究分野を背景とするため、当初は議論がかみあわないのではと危惧していたのですが、実際には学び合うことが多く興味深い議論が繰り広げられました。せっかくの機会をこのままで終わらせたくない、さらに研究を進めたいという想いが本シリーズにつながり、このラウンド・テーブルをベースにした本書が生まれました。

　編者は、2008年度から龍谷大学地域公共人材・政策開発リサーチセンター（以下LORC）の研究メンバーとして、話し合い能力育成プログラムの開発・実施や、協働・連携のためのコミュニケーション・デザインといった話し合いをめぐる一連の研究を行ってきました。多様な研究分野の研究者や多くの実務家とのネットワークに恵まれたのはLORCでの研究のおかげです。

　LORCは、大学と地域社会との連携を通して、持続可能な参加・協働型社会を実現することを目指して2003年に開設されました[1]。現在進行中のフェーズ4は、文部科学省私立大学戦略的研究基盤形成支援事業（2014〜2018年度）の助成を受け、持続可能な地方都市行政の「かたち」と、それを実現するための地域政策実装化への道筋や人材育成に関する研究を行っています。国際的な共同研究体制のもと、研究者・実務家双方で多彩な研究プロジェクトを展開し、大学と地域のパートナーシップによる地域の課題導出と解決の研究・実践においてモデル事例を多く生み出しています。LORCでは、単一の専門領域からのアプローチではなく、多層的・学際的なアプローチをとることを重視しています。さらに、研究の実装化を目指しているため、研究者・実務家の垣根を超えて協力する体制が整えられています。このようなLORCの研究・実践のカルチャーが、編者の研究に向かう姿勢や多様なひとびととのネットワーク構築へとつながりました。自分自身の専門領域で深く研究することはもちろん重要ではありますが、多様な研究分野とつながった実践的研究や現実の社会課題に即したダイナミックなアプローチも

進めていく意義があるのではないかと考えています。

　話し合い研究のきっかけは、まちづくりをめぐるマルチセクター型の話し合いを初めて見た時の感動と驚きにさかのぼります。すでに同じく多人数談話であるビジネスミーティングの研究を行っていたのですが、両者には歴然とした差がみられました。まちづくりの話し合いは、何を目的に話し合われ、何がどこまで決まったか、今何が話されているかが、話し合いを外から見ている第3者にも非常によくわかります。さらに、初対面に近い人同士が、ほんの数時間で意見を交わしていくのです。ビジネスミーティングの場合は、(当然ではあるでしょうが)ミーティング参加者の解説なしには内容だけでなく進め方もほとんどわからないし、人による(社会的地位による)発言量の差もはっきりしています (Murata 2015)。この違いは何にあるかを考えた時に、ファシリテーターの存在が大きいということに気付いたのです。そこで、フィールドワークに加えて、話し合い談話の録画・録音データからファシリテーターの言語行動の分析を行いました。そして、この実証研究をベースに、LORCのメンバーと共に、ファシリテーター育成プログラムの開発・実施、話し合い参加者としての能力育成プログラムの開発・実施に携わってきました(土山ほか2011、村田2015)。

　これら一連の研究を通してずっと考えてきたのが、よい話し合いとは何かということでした。まちづくりの現場に関わるようになって、その話し合いの参加者で導いた合意や、そこで作り上げた共通規範といったことが、実際のまちづくりや政策形成に生かされなければ、それは「よい話し合い」とは言えないのではないかと考えるようになりました。現実社会で行われている(市民参加型の)話し合いというのは、それが行われている現場のフィールドワークも必要であるし、それが行われる社会システムや理念ともリンクして研究すべきではないかという考えにつながっていったのです。これはまた別の観点からも感じたことです。まちづくりや政策形成の現場では、まるで「話し合い」が所与のものとして扱われる、あるいは「話し合い」をプロセスに埋め込めばよい、誰でもが話し合いはできるもの、と仮定していると感じることがありました。このような思いから、「話し合い」を総体としてと

らえ、その研究を多層的にやるべきではないかという気持ちが芽生えました。LORC での研究を通したいろいろなご縁で「話し合い」に関する多様な領域の研究者と巡り合えることができ、そういった方々のお力があったからこそ、「話し合い学をつくる」シリーズを刊行することができました。

　本書は、「話し合い」をめぐる誌上座談会と「市民参加の話し合い」の現状と課題について論じた実証的研究論文の 2 部構成で成り立っています。

　第 1 部は座談会です。「話し合い」をテーマにつながり、「話し合い」研究の多層的・重層的総体としての「話し合い学」構築の可能性を探究する 4 名の研究者と、松本功氏（ひつじ書房）による誌上座談会です。座談会では、参加者の自己紹介を織り交ぜながら、「議論」「会議」「討論」ではなくなぜ「話し合い」なのかといったことばの問題と、話し合いをめぐる社会的状況や背景について語るところから始まります。そして、話し合いの目的や（波及）効果、よい話し合いとは何かといったトピックから話し合いの可能性まで、話し合いというテーマをめぐってざっくばらんな雰囲気で語り合いました。

　第 2 部は、9 本の実証研究論文から成っています。トップバッターの福元和人氏は、実務家の立場から話し合いを活性化するツールとして開発された「カタルタ」について論じています。開発プロセスやカタルタを用いた話し合い実践での様々な発見は、話し合いの場のデザインに示唆を与えるのではないかと思います。高梨克也氏は、科学コミュニケーションの場面で行われている相互行為を場のデザインの評価といった観点から分析しています。分析結果を踏まえた科学者の双方向の対話力トレーニングプログラム等の開発についてもふれられています。座談会にも参加いただいた森本郁代氏は、模擬裁判員裁判における裁判官と裁判員の評議を対象に、両者の知識、経験、立場などの非対称性がインタラクションにどのように表出するかを会話分析の立場から論じています。

　つづいて、教育現場から 2 本の論文が集まりました。唐木清志氏は、社会科教育学が専門で、小学校 5 年生の社会科授業で行われた話し合いを通して子どもや教師がどのように成長するかについて、そのプロセスを記し考

察しています。森篤嗣氏は、日本語教育学、国語教育学の立場から、話し合い活動を評価する指標を模索する一つのてがかりとして、小学校の話し合い活動の授業に対し、言語計量的な手法に基づいた分析を行い、そこから見える客観的結果や可能性について述べています。

　まちづくりといったローカルレベルに加えて、グローバルな課題をめぐる話し合いの現場からの研究論文も集まりました。座談会にも参加いただいた井関崇博氏は、単体の話し合いというよりも一連の話し合い企画といった取り組み全体を通して考察し、社会的包摂型まちづくりにおける話し合いの在り方に示唆を与えています。三上直之氏は、グローバルな視点から、話し合いにアプローチしています。地球規模課題について話し合う世界市民会議という取り組みを、市民参加型手法や話し合いのデザインという視点から批判的考察を行っています。馬場健司氏・高津宏明氏は、オンライン熟議を分析対象とし、その話し合いの目的によるファシリテーションの役割や効果について量的分析を行っています。最後に、全米で最も暮らしやすいまちとして注目を集めているポートランドからの論文です。西芝雅美氏は、行政学研究者かつポートランドの住民としての視点から、話し合いを通した市民参加や住民自治について論じています。

　本書では、まちづくりの話し合いやサイエンスカフェ、裁判官と裁判員の(模擬)評議、グローバルレベルの世界市民会議、教育現場の話し合いなど、できるだけ多様な話し合いの場を取り上げました。また、face to face で行われる話し合いだけでなくオンラインの話し合いも含めています。さらに、国内だけでなく海外事例も盛り込みました。話し合いへのアプローチも様々です。話し合いの場で行われる相互行為に着目したミクロレベルの研究から、話し合いによる課題解決・まちづくりをめぐる話し合いの現場での実証研究や話し合い教育をめぐる研究まで「話し合い」研究の多様性を発信したいと思っています。それぞれの論文の前には筆者と話し合いの関わりについての紹介と論文の要約を付しました。どの章から読んでいただいても構いません。ぜひ、興味の持てそうな論文から読み進めてください。異なるアプローチからの考察は、きっと新たな学びや発見につながることと思います。

本書の出版は、龍谷大学地域公共人材・政策開発リサーチセンター（LORC）からの助成により実現しました[2]。ここに記して感謝申し上げます。研究メンバーそれぞれの専門領域、さらには研究者・実務家の垣根を超えた研究・実践を推進するカルチャーを築いてこられた LORC センター長の白石克孝氏をはじめ、LORC 運営会議メンバーの皆様にあらためてお礼申し上げます。最後になりましたが、本書の出版を勧めてくださったひつじ書房の松本功社長に深くお礼申し上げます。書籍化さらにはシリーズ化を、ご提案をいただいたときには、この上ない幸せでした。それぞれの執筆者の原稿を細かくチェックいただいた編集の渡邉あゆみさん、相川奈緒さんにも感謝いたします。

2017 年春　　京都にて

村田　和代

注

1　http://lorc.ryukoku.ac.jp/about/
2　本書の出版および研究の一部は、文部科学省私立大学戦略的研究基盤形成支援事業（2014 〜 2018 年度）により行われた。

参考文献

Murata, Kazuyo. (2015) *Relational Practice in Meeting Discourse in New Zealand and Japan*. Tokyo: Hituzi Shobo.
村田和代 (2015)「地域公共人材に求められる話し合い能力育成プログラムについて」村田和代編『共生の言語学：持続可能な社会をめざして』ひつじ書房. pp. 93–113.
土山希美枝・村田和代・深尾昌峰 (2011)『対話と議論で〈つなぎ・ひきだす〉ファシリテート育成ハンドブック』公人の友社.

目　次

はじめに iii

第 1 部　座談会

座談会「市民参加の話し合いを考える」 3

第 2 部　研究報告

対話を活性化するツールをつくる
　　福元和人 29

インタラクション分析に基づく
科学コミュニケーションのリ・デザイン
　　高梨克也 51

市民参加の観点から見た裁判員制度
　―模擬評議に見る専門家と市民の話し合いの様相と課題
　　森本郁代 75

授業における話し合い
　―小学校社会科授業を事例として
　　唐木清志 97

小学校における話し合い活動の言語計量分析
　森篤嗣 ……………………………………………………………… 119

社会包摂型まちづくりにおける話し合い
―偏見克服のデモンストレーション
　井関崇博 …………………………………………………………… 137

地球規模での市民参加の話し合い
―「世界市民会議」とその舞台裏
　三上直之 …………………………………………………………… 155

オンライン熟議実験を用いた
ファシリテーターの機能の比較検討
―再生可能エネルギー資源の利用を巡る社会的意思決定問題の例
　馬場健司・高津宏明 ……………………………………………… 177

米国オレゴン州ポートランドに見る話し合いと住民自治
―全米で最も住み易いまちと言われる理由
　西芝雅美 …………………………………………………………… 199

　執筆者紹介　　　　　　　　　　　　　　　　　　　221

第1部

座談会

左から松本功、村田和代、森本郁代、佐野亘、井関崇博

座談会「市民参加の話し合いを考える」

●わたしと話し合いとの関わり―自己紹介―

村田 今日は、話し合いというのはそもそも何なのか、そういうところから話ができるかなと考えています。
　まずは、自己紹介と自身の話し合いとの関わりについて語っていただこうと思っています。まずは、今回お呼びかけした私からお話をさせていただきますね。
　村田和代です。龍谷大学の政策学部におります。私と話し合いとの関わりですけれども、もともと私自身は、自分の博士論文で職場談話研究をやっていまして、そこでビジネスミーティングを対象に研究をしていました。ビジネスミーティングの中でも、特に合意形成とか、そういった情報伝達に関わるところではなくて、職場のメンバーがどうやって対人関係をつくっていくのか、というところに関わる言葉の使用に興味を持っていたので、ユーモア、あるいは雑談といったところに着目をしていました。
　職場談話の研究をしているときに、たまたま、「まちづくりの話し合いを見に来ませんか」と同僚からお声がけいただいて、初めてまちづくりの話し合いを見ました。そこで、ビジネスミーティングの司会者と、まちづくりの話し合いのファシリテーターがあまりに劇的に異なっていたので、これはいったい何だろうと感動して、関わるようになりました。
　特に、まちづくりの話し合いを見たときに感じたのは、よそ者の第三者であっても、話し合いがどこまで進んだのか、今、何が話されているのか、何がどこまで決まったのかといったことがすごくよく分かったので、それに感動して、そこからファシリテーターとかファシリテーションに興味を持ち、研究を進める中で、ファシリテーター育成のプログラムを作りました。また、話し合いをするのはファシリテーターではなく、話し合いの参加者なので、話し合いの参加者としての能力を育成するプログラムをつくることに関わってきました。
　私自身は、いわゆる言語、コミュニケーションを研究する人間なので、単体の話し合いがより良くなるにはどうしたら良いだろうかということにずっと関わってきたのですけれども、とりわけ、まちづくりの話し合いを見ていく中で、いくら単体の話し合いで合意形成がなされたり、あるいは参加者間で共通善というものが見いだされたとしても、それがその場で終わってしまうということが、果たして実りある、あるいは良い話し合いと言えるのだろうかということに気付きました。実は、

話し合いを研究するというのは、単体の話し合いの研究だけではなくて、もう少しそれを包んでいくような社会システムだとか、あるいはそこにある背景の理念、哲学、そういうことまで考えなくてはならないんではないんだろうかと思うようになりました。それで、いろいろな分野の方とつながっていきたいをいう想いを持ちながら研究を続けています。

森本 関西学院大学法学部の森本郁代です。私は、二つのテーマから話し合いに関わってきました。

博士論文で多人数会話の分析をしていた時に、当時の職場で出会った同僚の大塚裕子さんに「話し合いの分析をやらないか」と声をかけてもらったのがきっかけで、何人かでJST（科学技術振興機構）のRISTEX（社会技術研究開発センター）というプログラムで、サイエンスコミュニケーションに関わるような研究をやろうということになり、「自律型対話プログラムの開発」というテーマで3年間研究しました。理系の学生と文系の学生が、専門を超えてお互いに話し合ったり、自分たちの意見を伝え合ったりするにはどうしたら良いかを学ぶ、大学での教育プログラムをつくろうというプログラムです。学生たちの話し合いをたくさん収録して、彼らから見て良い話し合いとはどういうものなのかを明らかにするとともに、彼らが自分たちの話し合いを内省する、あとで振り返るときに使えるような道具としての評価指標を策定することを目指しました。実は、同じような時期に村田さんも龍谷のほうで、対話能力の育成を行ってらっしゃると聞いて、お互いいろいろと情報交換をさせていただくようになりました。

それとほぼ同時期に、裁判員裁判がちょうど始まる直前でしたが、私や大塚さん、元裁判官の方、刑事法の研究者の方など、いろいろな方々と一緒に、裁判員裁判の、特に評議において、専門家である裁判官と素人である市民が一緒に同じ立場で議論をして合意形成に至る、その過程を研究しようということになりました。当時、法曹三者が全国的に模擬裁判、模擬評議を行っていて、その中でご協力いただけた所からビデオをお借りして分析しました。また、自分たちでも模擬評議を実施して、元裁判官の方にもご協力いただいて、評議を収録して分析しました。このように裁判員裁判の評議については、われわれのような言語研究者やコミュニケーション研究者、あと、実際に刑事法、元裁判官、いわゆる法の専門家の方と一緒に共同研究をずっと続けてきました。

両方とも今も研究は続けているんですけれども、特に市民参加の話し合いというのを考えたときに、自分の研究が貢献できるとしたら二点あると思います。一つは、大学生がこれから社会に出て、一人の市民としてさまざまな場面で話し合いに参加することが求められた時に、しっかり話し合いができる人材を育成するということ。

もう一つは、裁判員裁判においてどのように充実した評議をうまく進めるかということです。当事者、被告人や被害者の方、いろいろな人に対して、納得はしてもらえないかも知れないけれども、その結論に至った理由をしっかり説明できるよう

な評議を実現するにはどうしたら良いかということ。この二点だと考えています。

松本　ひつじ書房の松本功と申します。よろしくお願い致します。ひつじ書房は、日本語学の研究書を中心に出している出版社です。日本語学の研究としては、日本語とはこういうものだという文法的なルールの研究があります。しかし、それだけでは収まりきらないものがあるのではないかということを常々考えています。日本語学を否定したいわけでは決してありません。

　日本語を教える日本語教育というジャンルがあります。その中で多文化共生という日本語を学習者に押し付けてはいけないという議論があります。確かにそうだと思う部分がありますが、そもそも確固とした日本語があるのでしょうか。日本語を教えてはいけないと言うときは、逆に、かっちりとした「正しい日本語」が存在し、それを教えてはいけないと言っていることのようだと思います。

　そんな中で、劇作家の平田オリザ氏が『対話のレッスン』(小学館)の中で、「近代日本は、「演説」のための日本語を生み出し、「裁判(討論)」のための日本語を生み出し、「講義の教授」のための日本語を生み出してきた。だがしかし、近代日本は、「対話」のための日本語だけは生み出してこなかった。対等な人間関係に基づく、異なる価値のすり合わせのための日本語だけは生み出してこなかったのだ。」と言われていて、とても共感というか感銘を受けました。特に対話する日本語はまだできていないのではないか。そういうものをつくっていくことに、出版人として少し関われたら良いなということを思っています。このことが「話し合い」に注目するきっかけです。出版物としては、NPOの業界をずっと先導してきた加藤哲夫さんと、そういった対話する日本語ができていないのではないか、それを提案しようということで、『市民の日本語―NPOの可能性とコミュニケーション』(加藤哲夫著・ひつじ書房)を作りました。

　また話し合いの議論になると、日本人は、そもそも文化的に話し合いができないのではないかということを言う人もいますね。ちょっと話が飛躍しますが、最近、趣味で連句をやっています。連句は、発句というのがあって、まず、みんなが発句を選ぶんですね。発句を決めたあとに、捌きという人を決めまして、片仮名で言うとファシリテーターみたいな、議長みたいな人が居まして、それが、綿々と歌仙だと36句とか、そういう感じでみんなでつくっていきます。結構細かいルールがあって、個人の創作としてはうるさいというか、そんなに決まりがたくさんあって嫌だという考えもあるんですけども、一つの言語作品をみんなでつくる。すごく才能がある人も、そんなに才能がない人も、いろいろ居る中で、ルールが結構有効な場合もあります。

　連句は、近世、中世からといいますか、俳諧っぽいのは近世ですけれども、連歌は、貴族の人がやっていました。つまり、日本に話し合いの伝統がないとは言えないのではないかということをまず言いたいと思います。みんなである時間を共有して言語作品をつくることに関しては、それなりに日本はやってきているので、例えば、そういったものにも注目してみたら面白いのではないかと思います。いつかは

皆さんと連句をやりたいなと思います。

井関　兵庫県立大学環境人間学部の井関崇博と申します。私が大学院生だった90年代後半というのはいわゆる公共事業の見直しが全国的に行われるようになった時代でした。高度成長とその後に続く時代の中で行われてきた様々な公共事業が問い直されるようになり、「本当にやめて良いのか」「やめた後、どうしていくのか」という議論が沸き起こる中で、あらためて公共事業とか公共の計画について有力者や専門家だけでなく、広く市民の意見を聞くというプロセスが注目されるようになりました。例えば、千葉県三番瀬円卓会議や長野県廃棄物処理計画検討委員会などがその例です。私の師匠である東京工業大学名誉教授の原科幸彦先生は、行政が設置する委員会の委員長として市民委員を取り入れるなどして自ら市民参加を実現していく方でしたが、私はそれらから学びながら行政の公共計画づくりに市民の意見を採り入れていくための話し合いのプロセスや手法について研究してきました。

　その後、計画づくりのための話し合いという営みがいろいろな分野やレベルに広がっていくようになり、私もいくつかの自治体の計画づくりに関わる中で、自治体レベルやもっと小さな地域の話し合いと、国や県レベルの話し合いとはかなり違うと思うようになりました。国、県レベルの市民参加というのは基本的に市民がしっかりと話し合って、そこで妥当な結論が出てくれば、「あとは国、県の方でお願いします。その方向でやってください」というかたちで委ねることができます。つまり、話し合いと実践を切り分けることができるわけです。しかし、自治体レベルだとそう上手くはいかなくて、市民で話し合って結論がでたとしても、市町村がその結論どおりに実施できないという場合が多い。そうすると話し合いに参加した市民が「自分たちも少し動かなきゃいけないんじゃないか」というふうに課題解決にむけて何か行動しようとするようになります。そうなってくると計画づくりの話し合いというのは何か正しい結論を出すことよりも、参加者の課題解決にむけた動機づけや、問題意識や志を共有して一緒に行動できる仲間を見つける仲間づくりの側面が重要になってきます。つまり、話し合いと実践が交わりあってくるということです。

　京都市の市民参加の取り組みである京都市未来まちづくり100人委員会に少し関わらせていただいたのですが、そこでも動機づけや仲間づくりが重視されていたし、さらにより高いレベルの行動をするにはどうしたら良いのかということも論点となっていました。このように多様なレベルの話し合いに半分実践者の立場で関わりながら研究してきたというのが、私と話し合いのこれまでの関わりです。

　最後に、まさにそこで必要とされるノウハウが、大学教育の中でも重要になってきているなと感じています。大学でPBL（プロジェクト型ラーニング）という教育手法が採り入れられているわけですが、そこでは考えの違う人同士が一緒になって何かをしていくことが求められ、正しい答えを出すことだけでなく、よりよい関係づくりを進めながら何らかの活動を共同で実践するということが求められます。これは地域の話し合いで求められるものとほとんど同じです。私自身、地域の中で

やってきたことが結果的に大学教育に生かされているという感じがしています。

佐野 京都大学の佐野亘といいます。もともと政治学、公共政策の研究者です。話し合いや議論に興味を持ったきっかけをお話ししたいと思います。

　まず、少し大きな話をすると、政治学の中では、「話し合い」というのは、実は、なかなか採り上げられにくいテーマでした。今は必ずしもそうではないですけど、かつては、政治の話というのは、基本的に利害（インタレスト）と権力（パワー）の話とされてきたんですね。あとは、力関係のバランスと、それから、インタレストの方向性があって、取引とか、力で押し切るとか、力の均衡点でものごとが決まるとか、そういうことが基本的に政治学におけるオーソドックスな政治の捉え方です。

　それに対して、非常に理想的な政治の在り方を唱える人ももちろん居て、特に民主主義論ですけれども、今度は、市民の話し合いが理想的に語られるんですね。お互いに自由な自立した市民が話し合うという、そういうイメージだったんですけど、その両者がすごく遠いなというのが以前から気になっていて、その間をどういうふうにつなげられるんだろうかということに、もともとずっと興味がありました。

　政治学のほうでは、その後、インタレストの話はもちろん大事なんだけど、インタレストだけではなくて、アイデア、コミュニケーション、言語とか、あるいは感情も含めて、そういうものが政治の中で、実はそれなりに大きな影響力を持っているということが言われるようになりました。具体的には、例えば、政治の在り方を考えるときに、どうすれば良いコミュニケーションとか、良い話し合いをうまく取り込むことができるのか。とりわけ、大きな政治になればなるほど、むき出しの権力とか、むき出しの利害が出てくるので、そういうものに対抗できるようなものとしての言葉というものがあり得るのか、そういうことに非常に興味がありました。

　それから、もう一つは、今の話と関係があるかどうかわかりませんが、たまたまシティズンシップ・エデュケーションのことで論文を書いて、政治学会で報告をしたことがあります。まず、「シティズンシップ・エデュケーション」って言うときに、一つイメージされるのは、学級会みたいなもので、それこそディベート型といいますか、きちんとルールを守って発言する、できるだけ論理的に発言する、相手が話しているときは邪魔しないとか、ある種の学級会型の民主主義の理念みたいなものをみんなに身につけてもらう、あるいはディベートの方法も身につけてもらうということが、シティズンシップ・エデュケーションの一つのイメージです。

　それに対して、今まで少し話に出てきたような、例えば、共感する、想像力を働かせる、あるいは弱者に対して配慮するみたいなこと、そういうものも話し合いの中で必要ではないかという人たちも居ますよねという話をしました。でも、そのどっちかだけで良いのかというと、やっぱり、そういうわけにもいかなくて、これはうまく言葉にできないんですけど、人柄とか人格というんですか、「大人じゃないと駄目だよね」という話を最終的にはしました。つまり、ある種の幼稚さみたい

なものが、話し合いの中でものすごく悪く出ることがあって、それは、例えば、自分の意見に固執するみたいなこともあるでしょうし、悪く甘えるみたいなこともあるでしょうし、非常に権威主義的に、偉い人が言っていることに従ってしまうとか、そういうある種の人格的なものもひっくるめて考えていかないと、最終的にシティズンシップ・エデュケーションというのは、なかなかうまくいかないぞという話をしました。良い市民を育てるというときに、多分、手法で身につけられるものと、手法だけではなかなか乗り越えられないものがあるなという気がして、そういう話をしました。

　自分の中で、さっき言った大きな政治の話と、今言ったシティズンシップ・エデュケーションの話は、当時、あんまりつながっていなかったんですけど、だんだん時間がたつにつれて、そういうものをすべてひっくるめて考えられないか、というか、大きな政治の中で、市民の話し合いとか、市民を教育するということがどういう意味を持てるのかということを、個別の小さなケースの話としてはいろいろあると思うんですけど、もう少し大きくしたときにどういうことが考えられるかなということも、ちょっと興味を持っています。

　あともう一つ、これは、さっき松本さんのお話を聞いてちょっと刺激されたので、少しだけ付け加えさせていただきますと、実は、日本人は昔から結構話し合っていたというのが僕の印象です。それは、いろいろな面で言えると思います。一つは、宮本常一の『忘れられた日本人』(宮本常一著・岩波書店)という本があります。あの本の最初に出てくる話は、村の寄り合いの話なんですね。宮本常一が「村に伝わる資料を貸してくれ」とある村に頼みに行くんですけど、そうすると、村の人たちが寄り合いに集まる場所に三々五々集まってきて、宮本常一が「これこれの趣旨で、こういう資料を貸してくれ」と言うと、みんなは「まあ、どうかな」みたいな話をして。そのうち、雑談になったり、違う話になったり、人が抜けたり、新しい人が入ってきてもう1回説明し直したりみたいなことをして。でも、その日は、結局、決まらなくて、「じゃあ、また明日」と言って、また次の日、同じような話を繰り返して、そのうちまた雑談になったり、違う話になったりして、ということを何日か繰り返して。そのうち、何となく村の人たちが宮本常一のことを、「この人も良さそうな人だし、信頼できそうだし、まあ、貸してやるか」みたいな話になって、結局、貸してあげることが決まったんですね。そういう話し合いというのは、雑談も入るし、途中で人も入れ替わるし、いわゆるディベート型の話し合いからすると良くない話し合いなんですけど、実際には、全く意味のないものかというと、多分そうではなくて、ある種の合理性みたいなものがあると思うんです。

　そういう村の寄り合い的な話し合いというのは、実は、無数に恐らく存在して、例えば、「川の堤防が壊れたけど、どうする、直すか」とか、実際には村の中で自治的に話し合って決めなければいけない細かいことはたくさんあったはずで、そういう中で、実際には話し合いはたくさん行われていたし、そのための作法みたいなものもあったのだろうと思います。

これもただの思い付きですけど、ルイス・フロイスという、江戸時代になる前にキリスト教を広めに日本に来た人の本がありますけど、それを読んでいて面白いのは、普通の人が結構話しに来るということです。何でもない、そこらのおじさんみたいな人がフロイスの所に来て、「キリスト教は間違ってる」とか言いに来るわけですけど、フロイスが一生懸命説得するみたいな話がいっぱい出てきます。それで非常に印象的なのは、もちろんディベート型の話し合いもあって、お坊さんが来て対決するみたいなこともあるんですけど、普通の人がちょっと世間話的に来ることもあって、それは非常に感動的です。フロイス自身は、どうやって改宗させるかみたいなことしか考えてないんですけど、ただ、そこで行われている話し合いというのは、割と良い話し合いができている感じがします。日本人も、実は意外と話すこと自体は好きだし、ある種の、ディベート型ではないかもしれないけど、話し合っていく中で、より良いものを見つけていくということはしていたのではないかと思います。むしろ、私の感覚では、明治以降、そういうものがだんだん消えていく印象があります。

　先ほど、話し合うための日本語がないという話が非常に印象的だったんですけど、さっきの村の寄り合いみたいな話は、恐らく、「方言」がすごく利いていて、多分、方言をしゃべっている中に標準語の人が一人入ると、話し合いって変な感じになると思うんです。方言だからこそ上手に話せるということが恐らくあったと思うんですけど、そこに標準語が入ったときに、何か硬くなるとか、学校の教室の中みたいな雰囲気になるというんですかね。あるいはNHKみたいな感じになると言ったら良いんですかね。そこに、昔はあったはずの話し合う作法とか、話し合う雰囲気とかが、うまくつくれなくなったのではないかということをちょっと思ったりしました。なので、何かうまくやりようがないかなということは、思ったりしています。

●話し合いという言葉

村田　このシリーズが、「話し合い学をつくる」というテーマで、「話し合い」という言葉をずっと使っています。「市民参加の議論」、「市民参加の討議」、「市民参加の会議」という言葉ではなくて、何となく「話し合い」という言葉が一番すっきりするというか、落ち着くというか、据わりが良いという、そういう直感的なところから、「話し合い」という言葉をあえて選びました。話し合いって何なのかということを少し考えてみたいと思うんですが、話し合いというのは、複数の参加者が集まって、多分、基本的には face to face だと思うんですが、現代社会の中ではSNSも含まれるかもしれない。複数の人たちが集まって、意思決定や意思交換など、何らかのプライベートな目的というよりも、多分、私たちが考えるのは、公共の共通の目的のために参加者間が意見を出したり交換したりするコミュニケーションというふうな感じでまとめられるのかなと思いました。

私自身は、先ほど佐野さんが言われたことを聞いて思ったのは、まちづくりの話し合いを見ていると、時間が限られているのにもかかわらず、参加者間の関係づくりというか、場づくりに、非常に時間をかけられるんですね。ただ単に、「何々市の誰々です」、「どこそこに勤めてる誰々です」だけで自己紹介は可能なんですけれども、それだけではなくて、例えば、「昨日の夜は何を食べたか話しましょう」とか「今の気持ちを話しましょう」とか、そういう雑談を引き出すような、あるいは全員が共通して話せるような話題を、まず先にファシリテーターさんが出して、話し合いの本題とは関係のないところである程度話をして、場

村田和代（むらた かずよ）

があったまってから本題に入るというところがすごく面白いなと思っています。
　なので、いわゆる話し合いというのは、決して言語の情報伝達面だけを、あるいは合理的な情報伝達だけを目的にしているのではなくて、情緒的な面とか、つながりとか、そういったところも同じぐらい重要視している、そういうようなコミュニケーション能力なのかなという気がしています。

●なぜ今話し合いか

井関　一応、社会学をやっているので、なぜ、今、話し合いかということについて社会的な背景を考えてきました。実は、先ほどのお話とつながりまして、話し合いが特に必要になってきたのが、多分、90年代以降かなと思っているのですが、逆に、話し合いが必要ではなかった、あるいは避けられた時代がまさに高度成長の時代かなと思うわけです。佐野さんの議論を引き継ぐなら明治以降と言うべきかもしれない。近世までは、今、松本さんと佐野さんがおっしゃったような状況があったということなのだと思うのですが、近代化の中で、特に記憶に新しい高度成長期以降、「話し合いって必要ないんじゃないか」みたいな、そういう感覚があったのではないかなと思うんですね。
　どういうことかというと、その時代、目指すべき社会のあり方が外から入ってくるようになりました。いわゆる社会の目標像が輸入されてくるわけですね。そして、その目標を実現するための方法知も外から入ってくる。例えば、地域レベルの話で言えば、地域の生活を豊かにするために道路とか橋とかのインフラ整備が必要

で、それができれば地域は豊かになるはずだと思われた。そしてそのための土木技術も欧米から入ってくる。アメリカ的な生活様式というのは素晴らしくて、それを実現するためには車だとか家電だとかというかたちで、全て外から入ってくる状況になるわけです。そしてその普及を日本では縦割行政と地域割りの地方行政で行いました。分野と地域で線を引いて、それぞれに対して効率よく知識と予算を供給していくかたちでやってきたわけです。

そういう中では、「本当にこの社会、この地域にとって大切なものは何だろうか」みたいなことを話す余裕もなかったし、必要もなかったと思うんですよね。発展の過程でどうしても発生するストレスはいわゆる飲みニケーションみたいなもので発散し、一部の人たちに負担を強いる場合にはネゴシエーションと補償で解決した。この地域全体にとって何が必要か、それをどう実現していくかという話し合いは必要とされなかったということです。

自治会という組織も、その前身にあたる組織は自治が非常に強かったわけですが、道普請とか、地域のいろいろな決め事とか、それこそ事業なんかも担っていました。しかし、明治以降それらが行政によって担われていく中で、「話し合いをするよりも、行政に全部作ってもらったほうが良い」ということでずっとやってこれたわけです。

それが大きく変わったのが90年代だと思うんです。そういう行政、社会の目標が見えなくなった。具体的にどうするかという知識も不透明になり、経済も悪くなり、行政の予算もなくなってきて、あらためて、何を目指したら良いのか、いかにそれを実現するかが問われるようになりました。そのために、いろいろな知恵を持ち寄ろうということなり、そこで話し合いが必要になってきたと思っています。そういう意味では、今、まさに近代以前の日本人がもともと持っていたような、そういう話し合いの作法みたいなのを思い返していこうとしているのはとても象徴的です。

●ちょっと面倒くさそうな話し合い

森本 さっき松本さんから、「対話する日本語がない」という話がありましたね。この間、授業ですごく面白いことがありました。ゼミ生に話し合いをさせて、その振り返りをするときに、学生たちが、「敬語を使うべきだったんだろうか」という話をしていました。ゼミのメンバーも知り合いなんですけど、どういう言葉を使って話し合うべきか分からない。

佐野 モードが分かんない。

森本 ええ、そう。モードが分からないという話をしていて、彼らにとって何かを話し合うということは、非日常的なんだなというふうに思ったんですね。裁判員裁判の評議の中でも、いろいろなモードの人が居ます。裁判長は、敬語を使いつつも、できるだけ笑顔でいて、裁判員の人から意見を引き出そうとするんですけど、

裁判員の中には、硬い人とか、あと、関西はおじさんやおばちゃんが関西弁で話したり、いろいろなモードが交ざり合っているんです。それを傍聴している人たちは、方言を使っている人たちに対しては、「やっぱりちょっと感情的だな」とか思ったり、あと、そうでない、たとえばスーツを着た裁判員が話すことは、「やっぱりすごく論理的だ」とか、そういう印象を持ってしまうんですね。

佐野 面白いですね。

森本 今まで気が付いていませんでしたけど、この間の学生の発言とか、今日、皆さんの話を聞いていて、そんなことを思いました。でも、今、裁判員裁判の評議は、裁判官も、本当に困っていると思います。今まで自分たちの経験値で「こういう話が出たから、量刑は大体この辺ですよね」という感じで話し合いがされていて、そもそもちゃんと合理的な論理的な話し合いが本当にされていたかどうかも、実は怪しいと思います。ところが今は、経験とか知識を全然共有しないいろいろな人たちが入ってきて一緒に話し合わないといけない。それで、合意形成をして、判決文も書かないといけないというのは、やっぱり、かなり大変です。

一方、弁護士さんのほうは、裁判官に裁判員を「誘導するな」と、おっしゃるんですね。でも、裁判官側としては、法の下の平等を守ろうとすると、今までとは全く違うような判決を出すわけにはいかない。そこのせめぎ合いがあって、本当に何が良い話し合いなのかというのは、すごく難しいと思います。私も、最初評議を見ていたときは、裁判長が誘導しているのではないかなと思ったりもしていたんですが、裁判員の人たちの言うことも一理あったりするんですよね。例えば、特に性犯罪に対しては、裁判員の人たちはすごく厳しいです。裁判官から見たら、もっとひどい事例を見ているので、「このぐらいだったら、まあ、ぎりぎり執行猶予付けても良いんじゃないか」と考えるんですけれども、裁判員の人から見たら、「初めて自分が参加した裁判が性犯罪に関するものだ。被害者の気持ちを考えると、執行猶予なんてあり得ない」。でも、それは非常に共感できますよね。

そのときに、それまで裁判官だけでやってきた量刑の相場に合わせるべきなのか、市民を入れたことによって、ある種の量刑グラフというか、相場を動かしていくということを、私たちは決断すべきなのかというのは、よく考えないといけないと思っています。

この間、新聞で読んだんですけど、裁判員裁判は、1回の裁判で20人ぐらいの方を呼ぶんですよ。で、いろいろ質問をして、最終的に6人と補充裁判員2人の8人の方を選任するんですけど、その記事では欠席率が4割となっていて、しかも、無断で欠席する人が結構居るという、非常に、裁判員制度の根幹を揺るがす問題が起きていて、何か面倒くさそうとか、難しそうとか、しんどそうというのが先に立っているのではないかと。

その一方で、毎年、最高裁が裁判員経験者にアンケートをしていて、裁判所のホームページで公開された結果を見ると、参加して良かったという人が非常に多いです。かなり高い割合の方が、「いろいろしんどい思いもしたけれども、参加して

良かった」とか、「これを機会に、例えば、保護司の仕事に興味を持った」とか、「少年院や、そういう所に少し見学に行きたいと思った」とか。そういった方々が裁判員経験者のネットワークをつくって、自分たちの経験を共有し、それをどうやってほかの人たちに、まだ経験したことのない人たちに伝えていくかという動きが始まっているんですね。その辺を何かうまく連動させていけないかなと思います。

　だから、さっき井関さんがおっしゃったみたいに、今、市民参加の話し合いという、そういう時代にだんだんなってきている一方で、裁判員裁判は、裁判員が当事者ではないというのは大きいと思うんですけれども、やっぱり、何かちょっと面倒くさそうだからって、それを避けようとする意識もあると思うんです。

●話し合いの形骸化

井関　それが次の課題で、話し合いが必要だということが共有されてきたわけですけど、もうそれから20年たっていて、今まさに形骸化という現象がそこかしこに出てきている感じがしています。例えば、私の場合は行政の方と関わることが多いのですが、行政も自分たちだけでものごとを勝手に進めるのは良くないと考えていて、タウンミーティングとかアンケートとかをやるのですが、やり方がお粗末で、あるいはそれだけのお金をかける、あるいは時間をかけることについて幅広い合意が取れないので、時間も予算もどんどん削られて、結果的にアンケートをやっただけ、市民の意見を聞いただけ、市長をタウンミーティングの場に出させて対話のような儀式をするだけに終わってしまっています。

　多分、行政の人もこれではいけないって分かっているのだと思うのですが、中途半端なことしか現実的にはできなくて、それでもこのような話し合いを繰り返しているうちに市民も行政もお互い「話し合いって意味あるの？」という感覚を抱いてしまい、結果的に「もっと強いリーダーシップを！」みたいな反動が生み出されてしまっている感じはしています。

　だからこそ、話し合いを単に理想とするのではなく、もっとちゃんとした体系として「話し合い学」を組み立てて、それを共有していくことが重要だと思います。話し合いで何ができるのか、何ができないのか、「こういう場合は、こういうやり方をすると、ある程度はこういうことがおきる」というような、そういう理論をある程度共有していかないと、話し合いに対する過大評価、過少評価の間で、またうまくいかなくなってしまうと思います。

●話し合いの作法を考える

村田　さっき井関さんと佐野さんがおっしゃった、高度成長期に話し合いをする場もなかったし、そういう必要がなくなったという社会的な状況の中で、やっぱり、

一人一人の人間も個人主義に陥っていたというのは、強いと思ってるんですね。私も、子どものときは、田舎だから、茶話会とか寄り合いとか、頻繁にあって、近所の人たちともよくコミュニケーションを取っていたんだけれども、そういう中で育っていて、その面倒くささというもののほうが強くなってきた。私たちの年代というのは、そうだったと思うんですね。

だから、過去の話し合いの良いところを引き継ぎながら、新しいタイプの話し合いというのは必要。つまり、寄り合いとか地域の話し合いが頻繁に行われていたときは、参加者の中に、共有の知識とか共有の価値観というのが、かなり大きい部分を占めていたと

井関崇博（いせき　たかひろ）

思うんですが、今、この現代社会の中で、だんだん絆とかがなくなっている中では、それぞれが持っている、例えば、話し合いに対する価値観とか、話し合いに対するルールというのも、やっぱり異なっていると思います。

さっき森本さんがおっしゃったように、私も、まちづくりの話し合いを見たときに、「これって、まさに異文化間コミュニケーションだよな」と思ったんですよね。あくまでも例えばの話ですけれど、自治会長さんは一人とうとうと話し続けるし、NPOの人は平等に話したいというふるまいだし、若い人たちは何も話せなくて黙っていたりしているのを見たときに、やっぱり、これから先の日本社会を考えたときには、新しいタイプの、でも日本の社会とか文化に根付いてきたような話し合いを基にした新しいコミュニケーションモードは必要だと思います。それは必ずしも、是か非かとか、そういうところに落ち着くだけではなくて、話し合いを通して学んだり、あるいは話し合いを通してそのテーマを自分事にしたり、理想としては創発を生み出すような、そんなコミュニケーションモードを生み出していく必要があると思います。

特に、これから人口減少が深刻になり、また、日本は災害と向き合っていかなければならないということを考えると、そのレジリエンスを高めるためにも、地域のネットワークとか、人と人とのつながりが大事なので、いろいろな分野の研究者が知恵を持ち寄ることで、井関さんがおっしゃったように、話し合いで何ができるのか、何ができないのか、そういうことが少しだけでも可視化できたり、一般化できたりする必要性というのは感じています。

井関　異文化間コミュニケーションに関連して、「良い話し合いの環境をつくって

いきましょう」ということで、少し前まで、ファシリテーターが欧米でやっているようなアイスブレークを持ち込んで、「自分を動物に例えてみましょう」とかやらされることがありましたが、そういうのって日本人は引きませんか。特に高齢の方は「子ども扱いか」みたいな感じになるように思います。だから、それはそのまま持ち込むことは良くないだろうなというふうには思います。

あと、日本では付箋を使ったコミュニケーションを、よくやりますね。「まずは、自分の考えていることを付箋にどんどん書きましょう」「必ず一つの付箋には一つのアイデアを」と言って、それを出し合ってグルーピングしてみる、みたいなことが、まちづくりでは結構標準化されていますね。

以前、DP（討議型世論調査）の実験にモデレーターとして参加させてもらったことがあって、DPはかなり確立した方法なので、それに沿ったやり方をしなければいけないということで、アメリカからその研究者に来てもらってモデレーターが何をすべきかというレクチャーを受けました。彼は「付箋なんて使っちゃ駄目」と言うんです。付箋を貼るとその付箋を貼ることによって方向づけが発生してしまうから、付箋も板書も良くないとおっしゃるんです。でも、そうすると、日本人的には、沈黙が訪れてしまうのではないかと心配で、「付箋を使ったほうが良いんじゃない？」と言っても、「いや、それは駄目だ」と言われ、そのときはやらなかったんです。実際、その先生に従って付箋を使わずにやると、沈黙は来るのですが誰かが話しだすという展開になりました。その先生は「ほら、言ったとおりだ。みんなしゃべるでしょう」というふうに言うわけなんです。

本当に模索中なんだなという感じがするんですね。そういう欧米的なやり方、いろいろなやり方があって、日本人のいろいろな反応がある中で、多分、今、まさにそれを試行錯誤している時期かなという感じはします。

●そもそも話し合いはできるかどうか

松本　そもそも話し合いができるかどうかというのもあると思います。私は、今、母と同居しているんですけど、同居するために、2年前から8階建てのマンションに賃貸で入っています。多分、マンションの8割以上の人が、部屋を買って持っている所有者だと思うんですけど、そういう意味で私たちはちょっと部外者というか、所有者ではなくて借りている人。

2年前に「このマンションは耐震調査を行う予定です」と言われたんですけど、2年たってもしていないんですね。マンションには結構年の人も居れば、働き盛りの人も居るという中で、これは本当に推測ですが、ひょっとしたら、お年を召している人は、耐震調査をやった結果、工事すべきだという結論が出たとしたら、それなりの出費になるわけですから、耐震調査の実施について、住民のみんなが賛成しなかったのではないかと思うんですね。あと5年、10年しか住まないかもしれないという人と、あと20年住むという人では、調査をやるということだけに関して

も、違う。まさに自分たちの事ですけど、やっぱり利害対立がある中で、話し合いをするということが、いかに大変か。身近な例でも、自分の生活にまさに密着していることはなかなか議論はできないと思います。

井関 話し合いをするときに誰を参加者とするべきなのかという、話し合いのオープンさという論点かと思うんですけど、公共事業みたいな大きな話だと完全オープンが良いんだみたいな議論があり、それは一つの理念としてあると思うんですけども、地域レベルに落としていったときにそこにいろいろな複雑な利害が発生してくる中で、そこをどう制限していくべきなのか。そこは一つの論点かなと思います。

松本功（まつもと いさお）

公共事業だとよくあるのが廃棄物処理施設などの、いわゆる迷惑施設を造るときに、その近隣の住民と、全然違う所に住んでいる人とが同じ重みで扱われるのが良いのかどうかという話がありますよね。今のマンションという一つの小さな集団の中でも、そういう問題が起きているので、そこをどうするのかという問題があると思います。

佐野 そのとおりだと思うんですけど、多分、さっき森本さんの言われた、要するに、当事者ではない人たちが、ある具体的なテーマについて話し合うというときと、例えば、マンションの建て替えをどうするかみたいなときにマンションに住んでる人が話し合うというのは、やっぱり、同じ話し合いでも、性格がものすごく異なりますね。話し合いを分類するのはやっぱり大事で、話し合いと言っても、こういうケースとこういうケースとこういうケースがあって、多分、幾つかの軸で分類できそうな気がします。分けてみると、例えば、「この部分に当てはまるものは、こういう話し合いがあり得るよね」とか、「ここはちょっと話し合いは無理だね」とか、そういうことは相当できるはずなので、それは、さっきのオープンさみたいなこともあると思いますし、いろいろあり得ると思うので、それが一つ。

●そもそも話し合いをするかどうかは「どこか」で決まる

佐野 それからもう一つは、そもそも話し合いをするかどうかということの決定権を話し合いで決められない、ということがあります。実際には、話し合いをするかどうかは、どこかで、権力的にパワーバランスで決まるんですよ。話し合いをする

ことを話し合いで決めるというのは、結局、無限後退なので、話し合いをするかしないかということは、事実上、どこかで決まるんですね。それは、権力を持っている人が決めるなり、どこかで多数決で決めるなりするんです。そこをどう考えるかということはやっぱりあって、力を持っている側からしたら、どういうふうに話し合いを使うかは、やっぱり考えると思うんです。自分たちの都合の良いときには話し合いを使うし、都合が悪ければ話し合いは使わないというふうに考えるはず。だから、もしかしたら、マンションの理事会の人たちは、「ここで話し合いをすると、話がややこしくなっちゃうから、話し合いそのものを行わない」と思ったのかもしれないですね。その話し合いそのものを誰がセッティングするのかという問題があって、そこは話し合い以前にあるものを考えざるを得ないですね。だから、裁判員制度も、裁判員制度をつくるということを先に誰かが決めないと、そもそも裁判員制度で話し合うということもないわけです。話がちょっとずれてしまうかもしれないんですけど。

政治学者っぽい言い方をすると、話し合いの場そのものの政治性みたいなものがあるので、誰がなぜここで話し合いをしようとしているのかということを意識しないと、単に使われるという可能性は当然ありますよね。そこまで含めて考えると、話がややこしくなり過ぎる気もしますけど。

自然発生的な話し合いだったら良いと思うんです。だから、村の寄り合いみたいなのは、何となく自然発生的なものだったりとか、例えば、学生も必要だったら話し合うと思いますね。ものすごく大きな地震が起こって、学生が大学の中に取り残されて「じゃあ、どうする？」となって、みんなで話し合うみたいなことは当然あって、それは自然発生的に話し合うはずです。

でも、制度として話し合いをつくるという話になると、やっぱり、誰かがそれをつくってあげなければいけなくなるので、そういう自然発生的なものとか、村の寄り合いも、もしかしたら何となくそうやってやるものだということになっているのかもしれないですけど、そういう誰かが作為しなくても話し合いができるケースと、わざわざ場をつくって、ルールをつくって、参加者を決めないとできない話し合いというのがあって、そこも区別できるし、それは面白い問題かなという気がしました。

佐野亘（さの　わたる）

松本　あと、構成員が同じ土俵を共有

しているかしていないかもかかわると思います。村の寄り合いだったら、多分、多くの人が農業をやっていたり、話し合いだけではなくて、ある種、共同でやる練習を既に行っていてその土台の上での話だということがあり得たと思います。だから、村八分のように本当に排除されると厳しいということになったのだと思います。今は、ある程度オープンな中で、立場が違う人が話し合いをすることが起きたときに、事前の共通性がないことがまた大変だということを印象として思います。

佐野 ものすごく緊急的な状況だと、日本人は結構協力的に頑張るのではないかという印象があって、これは東北の震災とか、たくさんそういうケースがあると思います。出自も全然違うし、条件も全然違う人たちだけど「じゃあ、3時間かけて話し合い」というわけにもいかないし、でも、お互い協力しなければならないというときには、割と前向きに、良い話し合いができそうな気がします。

●村の寄り合い、学校、社会での話し合い

井関 佐野さんがおっしゃった、話し合いをするかどうかを誰かが決めるという話で、そこで言う話し合いは、多分、オフィシャルな話し合いですね。逆に、自然発生的な話し合いというのは、ある意味、毎日でも行われているわけですよね。

佐野 そうですね。

井関 今、その中間に位置するような話し合いの形が出てきていると思うんです。私、職場が姫路なのですが、姫路の駅前を再開発するということで行政が提案をしたら、地域から大反対。今どき、こんな空間は嫌だとなりました。どうなったのかというと、商業者とか、議員とか、あと、もうちょっと違う立場の人たちがそれぞれに案を出してきて、そこであるNPOの人が音頭をとるかたちで話し合いの場をつくったんですね。そこで専門家も交えて議論していってそれを何回か続けていくうちにある程度の方向性が定まってきました。そして、そこで出てきたアイデアを行政が結果的に引き継ぐような展開になったんです。多分、それを仕掛けたNPOの人が「ちゃんとした議論ができて、広い合意が得られるなら、それは行政としてもありがたいことなので、きっと受け入れてくれるはずだ」と考えていたのではないかと思います。逆に、市長のほうもそういう展開もある程度予期して抑え込むことはしなかったんですよね。

　今、オフィシャルな話し合いの場をつくると、どうしても利害対立が生じてぎくしゃくしてしまう。でも、デモみたいなものだと、細かい議論はできない。フォーマルでもなく、逆に完全にインフォーマルでもない、市民側のいろいろな意見とか議論の結果をオフィシャルな場につないでいく中間的な話し合いの場というのが結構重要になってきているのかなと思うんです。

村田 私たちより前の世代の人は、寄り合いとか、地域の中に組み込まれているface to faceのコミュニケーションというか、いわゆる話し合いというのに慣れていたけれども、今の若い子たちって、そういうface to faceの話し合いをやること

があまり得意でないというか、経験もないということも考え合わせて、今後も、そういった話し合いの場というのは、民主主義の一つの具現化の方法として大事だというふうに認識するのであれば、市民教育として、話し合いができる市民を育てることはとても大事なことだと思うんです。

　例えば、いろいろなテーマで繰り返して話し合うことで、うまくなるかというと、言語学の人間からすると、ちょっと違うのではないかと思っていて、方法とかプロセスとか、そういういわゆるメタ的なところをきちんと教えていくことも必要だと思うんです。

　今までおっしゃったように、話し合いの体系化というのも一つ考えるべきだし、もう一つは、市民教育として、話し合いができる市民を育てていくということと、それから、多分私たちで共通しているのは、話し合いは、非ではなくて是であるという立場だと思うんで、そういうある種の価値観というものも共有できるような教育が必要なのかなと考えています。

佐野　そうですね。ただ、難しいなと思うのは、やり方だと思うんですけど、学校って、どうしても宙に浮いた話になりやすいんですよね。それに対して、先ほど話した村の寄り合いみたいなものとか、あるいは、例えば岸和田みたいな所に行くとお祭りに若い人が参加するとか、自分たちのものごとを自分たちで決めるという感覚に、若いうちからちょっとずつ慣れていくということがありますよね。

　学校での話し合いも、本当はそうであれば良いと思うんですけど、往々にして「話し合いのための話し合い」と言ったら良いんでしょうか、何か抽象的な問題設定をして「じゃあ、みんなで話し合ってみましょう」みたいなものになりやすい。そうすると、先生が喜びそうなきれい事を言ったほうが勝ちみたいなことになりやすい。何かちょっときれい事を言うというか、それこそかしこまるというか、敬語を使ってみるとか、口がうまい人が勝つとか、そういうことになりやすいと思います。

　でも、もうちょっと切実感のあるテーマだったら、そういうものではない話し合いの可能性があると思うんです。学校の中でやるのであれば、むしろ先生が出てこずに、NPOの人が学校に入ってやるとか、何か別のやり方がありそうな気がしますけど、普通に学校で先生が授業としてやっちゃうと、そこだけできれい事でやるみたいなことになりそうな気がして。そうではなくて、もうちょっと近い所で練習できないかなという感じがしますね。

松本　教室の中で勉強としてアクティブラーニングをやるということがあるわけですけど、学校だと、本当は生徒会とか、自分たちが行事を決めたりするという機会があるはずだと思うんです。急な選挙で政治に参加しようというのがある一方で、生徒会のようなせっかくそういうチャンスがあるのに身近な政治があまり尊重されていない。ただ単に、「投票行きましょう」みたいなのはとって付けたような印象を持ってしまいます。

佐野　そうなんですよね。わざと切り離している感じがしますけど、本来は、そう

いう自分たちの身近なことから、自分たちのことは自分たちで決めるというのがあって、そのためには話し合いが必要で、そのずっとずっと先に国政みたいなものがあると思います。
村田 二つの使い方があると思っていて、仮に話し合いのための話し合いであっても、架空のテーマで関わる、話し合いをすることで、話し合いのやり方とか話し合いの参加者としてのマインドとか、そういうことは勉強できると思うんです。
佐野 それはそう思います。
村田 そういう、何が良い話し合いなのかとか、あるいは参加者として何が必要なのかといったような、「スキル」という言い方はおかしいけれど、やり方とか精神とか、そういうものを持ったうえで、今度は当事者として何か話し合いをするという、そういうステップの踏み方は可能かなという気はするんですね。
井関 この論点は、実は、体罰の問題と、つながるのかなって思います。体罰というのは、要は、監督とか教員が一方的にものごとを決めて、それに従わせていく。それに従わざるを得ない環境が、そのクラブだけではなくて、学校とか、あるいは地域社会を含めてできあがっている故に拒否できない構造が出来上がっていて、そういう中で悲劇が起きるわけですね。その対応として出てきているのがコーチングだという意見を聞いたことがあります。もっと選手の主体性を尊重しながら、練習の仕方をどうすべきか、試合に勝つためにはどうしたら良いかということを、選手自身がちゃんと自分で考えて、自分で、「こういうふうにしたほうが良い」ということを考えさせていき、それで成果がちゃんと出るようになると、「もう体罰って必要ないよね」ということになって、体罰がなくなっていくという話があると思うんです。そういうふうに、それぞれが主体になって何をすべきかということを自分たちで考えられるようになる中で、話し合いというのは必然的に出てくるものなのだと思うんですね。話し合いだけを採り入れるというよりも、そもそも教室のあり方を変えていくことが伴わないと意味がないと思うのです。

●話し合いスイッチ

森本 話し合いって、話し合って終わりではないと思うんですよ。もちろん、話し合いを通して人間関係を構築するとか、話し合いを通して何かを、例えば、マンションのこれを決めるとか、裁判員裁判だと有罪、無罪を決めてということはありますよね。
　私のゼミ生が、話し合いのトレーニングをやってきたけれども、自分たちが身につけた話し合いのスキルを何かに使いたいと思ったらしく、学生たちで話し合った結果、三つのグループに分かれて、それぞれが自分たちで何か企画をして、その過程も、一応、記録に取っておいて、最終的にグループで報告書を出すことになったんです。そしてそれをゼミ論として認めることにしました。
　学園祭で豚汁を出すという企画を立てたグループが、自分たちの打ち合わせの過

程を全部ビデオに撮っているんです。「どういう豚汁をつくるか」とか、「利益を出そう。そのためには800杯売らないといけない」とか、いろいろなことを話し合っているんですけど、それを決めるだけではなく、その話し合いを振り返る過程というのも自分たちでやっているんですね。それがすごく面白いなと思って。その学生たちは四年生なんですけど、ゼミ中、私が何も指示をしなくても、自分たちでどんどん進めていくんです。

佐野 放っておいて良いわけですね。

森本 ええ。学生たちが自分たちでどんどんやるんですよ。「先生、この日に打ち合わせをしたいので、梅田キャンパスの教室、取っていただけませんか」とか、「ビデオを貸してください」とか、ビデオをDropboxに上げるとか、私は本当に裏方になっています。あとは、学生の進捗報告を聞いたり、「就活で人が抜けて、今日、私しか来ない。先生、どうしよう」といった悩みを聞いたりという感じなんですけど、みんな、そうやってどんどん進めていて。もしかしたら、話し合いのトレーニングは、学生たちにスキルをつけるだけではなくて、自分たちがやってきたことを何か生かせそうだという思いにつなげることが大切なのかもしれません。今回、私がうまくそう仕向けたわけではなく、多分、彼らがそういうふうに育っていってくれたのかなと思います。

井関 先ほどの体罰の例で言えば、「ここの場は、森本先生から教わる場ではなくて、自分たちでいろいろやって良い場なんだ」というふうに、どこかでスイッチが入ったからやったと思うんですよね。そのスイッチをどうやって入れたかが重要です。それは地域でも同じことですよね。

森本 そうですね。

井関 「行政がやってくれるんでしょう。この問題、解決してくれるんでしょう」というところから、「これは、やっぱり自分たちでやったほうが良いんじゃないか」という切り替えをどうするかというのが最大の問題です。

森本 そうですね。いや、ゼミ長がすごくしっかりしていたというのもあるんですけど。1回目のゼミの前に、四年生の彼女が私のオフィスに来て、「1回目のゼミで、先生は何をやる予定ですか」と尋ねるので「いや、これこれこういうことを」と答えると、「私たちに45分ぐらい時間をください」と言われたんです。私が「11月末に報告書のドラフトを出してほしい」と言っていたので、1回目の冒頭の45分で「11月までのゼミの時間の使い方をみんなで話し合いたい」と言われて、そうしました。実は、この春休みの間に、彼らは自分たちで何回か集まっていたんです。4月から就活で忙しくなるからスタートダッシュを早くしようと思ったらしく、各グループが1回目のゼミの時点でもう2回ずつぐらい集まって話をしていたんだそうです。それで、最初の日は、みんなで、「この日、何をするか」というのを各グループが付箋に書いて時系列に貼っていったんです。7月6日に神戸女学院大学と合同ゼミをやるので、それに向けてプレゼンの練習をしたいから、「じゃあ、この日はお互い一緒に、みんなで集まろう」とか、みんなで決めていました。

この間、進捗を聞いたら、やっぱり遅れてきているグループも居て、「焦ってるんです」と言ってましたけど。

でも、どうやって学生たちのスイッチが入ったのかは謎です。

佐野 結局、それは、本当のところは分からないんでしょうね。奇跡みたいなものだから。

村田 もしかしたら、それが話し合い学の目標みたいな感じなのかな。

佐野 でも、それって、意識的につくるということでもない気がします。それが起きなかったら失敗というのも何かちょっとおかしな気もするし。ただ、理想的にはそう、というのは、もちろんありますけど、それをさせるために何かするというのは、それはそれで悪く利用している感じがするというか。

森本郁代(もりもと いくよ)

村田 話し合いというと「そんなのツールやん」とか「単なる一つの方法じゃないか」と言われるんですね。

佐野 なるほど。

村田 それは確かにそうなんだと思うんですけど、もしかしたら話し合いというものが目指す一つの目標としては、話し合いというプロセスを通して、それぞれが主体性を持てるとか。

佐野 そういうことですね。

村田 自分事になれるということも、それが創発を生むということにつながるのかなと思うんですけれども、そういうふうなものにしていくためにはどうしたら良いか。

井関 そうですね。逆に、あんまり意図的に作為的につくり出すものではないかもしれないが、一方で、そうさせていない構造があるとすれば、それを除去するところまではやらなければならないかなと思います。例えば「ゼミという場は、先生から何かを教わる場だ」という暗黙の認識があると、ずっと待っていることになりますよね。地域でも一緒で、最終的に問題解決するのは行政だとか、区長さんがとか、マンションとかは理事会だみたいなふうになっている故に、そういう意識に変わらないというとこはあります。少なくとも、そういうのを除去しなければというのはあります。

森本 裁判員制度も、先ほどお話ししたように、裁判員経験者が、終わったあとに自分たちでネットワークをつくって、情報を共有したりとか、自分たちの経験を話

す場というのをつくったりしているんですが、恐らく、その人たちは、最初は、「嫌だな」と思いながら来たと思うんですよ。でも、終わったあと、この経験を生かしたいと思うという、そこかなと。

村田 そうそう。まちづくりの市民懇談会を見ていても、終わったあとに、「すごく楽しかった」とか、「私も、この町のために何かできるかも」と思ったり、あるいは、懇談会、終わったあとも、ずっと話してらっしゃって、「じゃあ、一緒に何できますかね」という人たちが出てくるのをまじかで見ると、やっぱり、そういうものをデザインできる、あるいは井関さんがおっしゃったように、そうならないところを、何がそれの障害となっているかが分かるようなことができるだけでも、意味があるのかなという気がしました。

●話し合いの効果として見えつつあるもの

森本 私は言語研究者なので、マクロのことだけでなくミクロのことにも関心があるんですが、話し合いの中身は結構ブラックボックスだと思うんですね。例えば、最近はアクティブラーニングが学生の学びを伸ばすということが言われているけれども、実際、学生たちが話し合ったり、それをやっている所を実証的に研究するという試みは、もっと行われるべきではないかなと思います。

　効果があることは何となく分かる。効果がないこともありますけれども、効果があるときは、こちらが想像しなかったような効果がある。それはなぜなんだろう。そんなに簡単に説明できないと思うんですけど、だからこそ、研究してみたいなと思うんですね。話し合うということがどのように学習につながるのか。学習は、若い人だけではなくて、大人でも学習すると思うんです。裁判員経験者の中には高齢の方とかもいらっしゃるわけだし、そういう人たちが、自分たちの価値観なり、いろいろなものが変わる瞬間はあると思うんですね。だから、そういうミクロな部分で、ブラックボックスの部分がどうなっているのかを解明したいと思っています。

井関 ブラックボックスの中の一部ですが、見えているものがあります。あるまちづくりの会議で、50代ぐらいの女性の方が市民の参加者として出ていて、それは市民活動のお祭りを企画、実施した実行委員会の最後の振り返りの会議だったんですけど、会議の最後、それぞれ一言、思いを述べる機会を与えられたときに、その方がこう言われたんです。「私のような者でも、それなりに役に立てることが分かりました」と。「ああ、なるほど」というふうに思ったんですけど、実は、この社会の中で世の中に役立てていないという意識で生活している人がいかにたくさんいて、市民同士の話し合いを通して自分は結構役に立つのだなという経験をして、それが次の行動につながっていくということがあるということです。まちづくりの話し合いでは、一人一人ちゃんと話す機会が与えられますよね。そういう中で、自分が言った言葉が、「あ、それ、面白いですね」と言われることでどんどん話しやすくなって話しているうちに、自分もその話し合いに貢献できたという感覚を得ます

よね。これは小さいことかもしれないけど、もともとその人が持っていたポテンシャルを引き出す大きなきっかけになると思います。その辺がブラックボックスの中のとても重要なメカニズムかなという気はするんです。

●良い話し合いとは

佐野 話し合うということを、もうちょっとちゃんと社会で認知してもらうためには、今、話が出てきたみたいな、楽しいとか面白いとか、自分にとってすごく印象的な出来事だったとか、そういうものであり得ると思ってもらわないといけませんね。

　恐らく、良い話し合いをしたことのない人たちというのは、たくさんいます。実際には、うまくいかない話し合いもあるわけじゃないですか。話し合いに参加したけど、結局、全然つまらないとか。でも、1回でも「今日は、すごく良い話し合いだったな」という経験をした人は、「ひょっとしたら、またチャンスがあれば、あのすごく良い経験ができるかもしれない」と思ってくれるかもしれなくて、そういう場をつくるというのは、とても大事です。

　今、井関さんが言われたことは、よく分かります。ややアカデミックな話をすると、承認という概念があって、recognize してもらえるということです。政治の世界では、昔は再分配の話ばっかりで、困っている人を助けるとか、そういう話ばっかりだったんですけど、お金がなくて困っているというんではなくて、一人の人間としてちゃんと認めてもらうということも、実は、すごく大事なインタレストなんだと。

　政治学では、かつては、狭いインタレスト、お金のインタレストの話ばかりしていたけど、例えば、LGBTの人たちが、社会の中で、きちんと認めてもらえるとか、別にお金がなくて困っているわけではないんだけど、社会の中で、きちんと位置付けてもらえるとか、そこが大事だという話があります。話し合う中で、お互いに認め合うみたいなことがうまく起これば、すごく良い話し合いになると思うんです。逆に言うと、話し合ったのにつまんないというのは、結局、全然伝わらないとか、感情的に対立して終わってしまったとか、うまくお互いに認め合えなかったなという感じだと思うんですね。

　そういうことを考えると、恐らく心理学的な問題がそこにはあって、強い言葉で言うと、良いセラピーみたいなことがそこで起こっている可能性があるのでは、と思ったりしました。

井関 話し合いはやる気を高める力があるということで、それを作為的にやったことがありました。ある地区の青少年問題に関する話し合いに関わったときでしたが、青少年問題というのは当事者も含め、保護者、先生等、ほとんどの関係者はそれぞれなりに一生懸命やっているのにそれでも生じてしまうような問題で、その関係者に向かって、改めて問題について考えよう、できることを考えよう、と呼びか

けても、「自分たちは、もう既に頑張ってやっている、これ以上何をやれと」となってしまいます。そこで、関係者を集めて、お互いの努力をまずは認め合い、うまくいっていないことをちゃんと吐露できるような時間をつくって、そのあとに「私たちには何ができるか」という前向きの議論をしていったんです。結果的にすごく良い話し合いになり、参加者のやる気は確かに高まったのですが、これを冷静に振り返ったときにまさにセラピーに近いと。それは絶対的に駄目なことかというと疑問なんですけど。

佐野 そうなんですよ。一概に良いとも悪いともちょっと言えないところがあって。

井関 ええ。だから、どこかに、「これは押さえておかなきゃいけない。この線を踏み越えると危ない」。

佐野 そう。

井関 「この線を踏み越えなければ大丈夫」みたいな、そういうラインを見つけたいなという気持ちはあります。

佐野 自己開発セミナーとかで2泊3日で閉じ込めて、みたいな、あの方向に似ているところもなくはない。やりようによっては。

井関 ワークショップというものの起源の一つには、そういうスピリチャルなものがあり、もうちょっと行くと宗教がかったことになってしまいますけど、そこから生まれてきた面もあるので、これは必然なのかなというふうに思うところもあります。

村田 行き過ぎない話し合いというようなね。

佐野 そう思います。線引きみたいなものはあるかもしれない。

村田 この間、大学院の学生さんを相手にファシリテーションワークショップやったんです。ほとんどが行政職員かNPOの人で、皆さん話し合いをデザインしてきた人なんですけど、「じゃあ、どんな話が良い話し合いですか」という問いかけをしたら、終わったときに気分がすっきりして楽しかったとか、自分の中に内省が起こった、リフレクションが起こったというのが共通して出てきたので、やっぱり、そういうものは共通しているんだろうなと思いつつ、「行き過ぎた話し合いになってはいかんな。みんなが同化されるのはどうなのかな」とも思いました。でも、話をしていて、多分、体系化するための項目とか、話し合いをすることができる市民を育てることとか、あるいは良い話し合いということのエッセンスみたいなものは、ちょっと見えてきたのかなと思ったので、単なる話し合いが、方法とかツールではなくて、やっぱり、何らかの新しさとか、創発とか、つながりとか、そういうものを生み出せるものを一般化するのか、あるいは共通項を出すのかということは必要ですよね。今話したポイントはこのメンバーで共有できてよかったです。「話し合い学」を目指しましょう。

第 2 部

研究報告

対話を活性化するツールをつくる

福元和人

私と話し合いとの関わり

　筆者は、語るためのカードセット『カタルタ』というツールを考案し、その制作・販売を生業としています。当ツールは発案当初、発想支援を目的として企画したものでしたが、コミュニケーションを促進する側面も多分に有していることから、発売後、ファシリテーターをはじめとした対話や場づくりに関わる方々に利用が広がりました。主にアイスブレイク及びグループワークのツールとして、イベントやワークショップ、研修、授業等の多様な場で活用されています。予想以上に話し合いの場へ貢献する機会をいただいたため、利用の実態をつぶさに観察すべく現場に入ることが増えました。個人的なサイドプロジェクトとして始まった活動ですが、コミュニケーションに課題意識を持つ方々によって様々な用途でツールが活用されるにつれ、現場で起きていること自体に関心を深めています。

要旨

　本章は、語るためのカードセット『カタルタ』というツールの制作過程における考察や、ツールを用いた実践の過程で得られた発見を紹介するものである。話し合いにおける参加者の負担を軽減しようとするとき、あるいは進展を助けようとするとき、ツールに何が期待できるかということについて、検討の素材を提供することを本章の目的とする。まず当ツールの概要や用いられ方の特徴を説明したうえで、対話の場でツールが果たしている役割をリスト形式で挙げる。観察を元にした検討をこれに加え、対話を活性化するツール制作に関して考えうる視点の提示を行う。

1. カタルタとは

はじめに、当ツールの利用イメージを持っていただくため、商品概要及び使用法の事例を紹介する。

1.1 商品概要

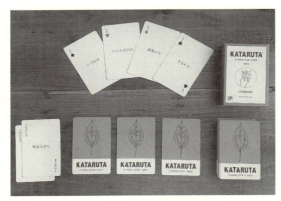

『カタルタ #8 スタンダード』

シブヤ大学での授業風景① 複数人でリレー式に即興のストーリー制作を行う「ストーリージャム」(photo：特定非営利法人シブヤ大学)

シブヤ大学での授業風景②　互いにヒントを出し合い、自分の額に当てたカードの言葉を当てあう「インディアン・カタルタ」(photo：特定非営利法人シブヤ大学)

『カタルタ　PLAYING STORY CARDS』は、発見を促し、視点を変えることを遊ぶカードセットである。コミュニケーションや思考全体をゲーム化することによって、思考のトレーニングを日常に忍ばせることができるのではないかと考え、制作をした。「語りを遊びに変え、遊びをインスピレーションへと導く発想支援・コミュニケーション支援ツール」として、2012年8月に販売を開始し、利用が全国へと広がった。当ツールは現在、企業研修やカウンセリング、授業、まちづくり、交流イベント等における対話の場をはじめ、友人との会話や家族の団らん、読み聞かせ等のカジュアルな日常にいたるまで、幅広いシチュエーションで活用されている。

当ツールを仕様に即して表現すると、「トランプを模したカードのオモテ面に、接続詞や副詞等の語句を一つずつ印刷した、54枚組みのカードセット」である。カードに記載された語句はすべて異なり、意味・機能の観点からバランスを見て選定した。主にストーリー制作のゲームないしはエクササイズとして、ルールを多様に設定できることが特徴となっている。もっともシンプルな利用法は、次のような手順である。

まず語り出しの一文を決め、語り手は引き当てたカードの語句に続く内容を考える。話の流れに沿うように即興で話を続けることで、半ば強制的に

様々な方向へ話が展開する。この偶然との戯れをたとえば自己紹介の場面に適用させるなら、「最近うれしかったことは＿＿＿です」という一文の空欄を埋めるように語り手が話した後、引いたカードに書かれた「もし」「具体的には」「なぜなら」「でも」「そもそも」等の語句にしたがって話を続けるといった具合である。結果、通常の思考とは異なる道程をたどることになるため、意外な気づきやアイデアを誘う。また、どの順番で何枚カードを並べても、語り手が間を埋めるように話すことで、文法上破綻せずに話がつながるようにカードの語句を選定している。このため、長文をつくったり、複数人でリレー式に創作を行うことも可能である。さらに、ストーリー制作のみを前提とせず、普段の会話で用いる語句を含めたことで、比較的場面を選ばずに利用がしやすくなっている。たとえば、対話や面接、スピーチ、ロールプレイ等の発話の途中で、容易にカードの語句を挿入して話を続けることが可能である。

利用機会の敷居を下げることを目的としたこれらの仕様は、対象となる用途を広げるだけでなく、ユーザーにツールの利用法自体を考えるきっかけを提供している。

1.2 カタルタの使用法

当ツールには、様々な利用法が存在する。細かいルールの取り決めをユーザーに委ねているため、すべてを把握してはいない。筆者が提案しているもの以外に、ユーザー考案のものも増え、約70通りが確認されている。その中から、具体的な使い方を5通り、取扱説明書より抜粋して紹介する。

使い方の事例

①カタルタでストーリージャム

ストーリーの最初の文章を決め、カードを任意の数だけ裏返しに置く。代わりばんこにカードをめくりながら、出されたカードの言葉にしたがい、ストーリーを作る。人数は、4名程度までがスムーズ。伏せたカードがすべてオープンになるまで続ける。予測不能のストーリージャムセッション。

②カタルタでブレスト

　テーマを決め、ひたすらカードをめくってブレインストーミング。バランスよく選ばれた54個の言葉が、発散・収束・具体化・抽象化を手助けし、"産みの苦しみ"を"楽しみ"に変える。秒数や枚数を競ってゲーム化してみては？

③カタルタで自己紹介

　自己紹介する人は2、3枚カードを引き、一息で言える程度の自己紹介をする。話し終えたところで1枚めくり、出た言葉にしたがって、前の文脈を生かしながら即興の自己紹介をする。残りのカードでさらに自己紹介を続けていく。思わず本音がポロリするかも!?

④カタルタで質問

　複数の聞き手に3枚ずつ手札を配る。聞き手は語り手に対する質問の代わりに、カードを1枚選んで手渡す。語り手は、手渡されたカードに書かれた言葉を使って話を続けていく。54個の小さな問いにより、質問のハードルが下がり、一方通行のスピーチが対話に近づく。

⑤カタルタでトランプ

　コンスタントにカードが表になっていくゲームをプレイしながら、同時にストーリーをみんなで作っていく。たとえば、7並べ、アメリカンページワン（UNOに類似）、ページワン（芋掘りに類似）、豚のしっぽ、ババ抜き等。採用したトランプのルール次第で難易度の上げ下げが可能なので、リラックスしたパーティーでも、知的バトルでも目的に応じて楽しめる。

2. ツール使用のメリットとデメリット

　市民が参加する話し合いにおいて、当ツールが用いられた場合によく聞かれる感想や、観察されることを踏まえ、使用時のメリットとデメリットを以下に挙げる。

メリット

(1) 雰囲気がほぐれる。

カードの言葉を読み上げただけで笑いが起きるということがしばしば起きる。聴衆の前でカードを用いて即興で語ることは、いささか罰ゲーム的であるため、語り手が直面している難しさに共感して笑いが起きているように見受けられる。

(2) 話しかけるきっかけができる。

アイスブレイクで、他の参加者に話しかけるきっかけをつくるのに役立つ。はにかむ、微笑みかける、困り顔を見せるといった、くつろぎや共感を誘う感情を先に共有することで、話しやすい雰囲気づくりに貢献する。

(3) 思考の起点が得られる。

カードによって話の展開を決められることで、自分で考えずとも思考の起点が得られる。これは、余白の多い台本を与えられることに似て、どう展開するか考えがまとまっていない場合には発言の助けとなる側面がある。

(4) 予定調和が崩れる。

偶然に委ねられた展開で話すことで思考パターンが崩れ、いつもと違う話がなされることになる。結果的に、場全体でも同様の状況が生まれる可能性が高まる。これは特に、場を進行する側の意見として聞かれる。

(5) 「不適切さ」に口実ができる。

ネガティブなコメントや、空気を読まない「不適切さ」をいわば「カードのせい」にできる。発言が控えられ、意見が出なくなるのではなく、多様な意見が俎上に載せられる状況が生まれる。

(6) 対話がフェアになる。

「ゲームのルール」によって、発言機会や発言時間が等しくなり、話しすぎる人と無口な人の発言バランスを整え、対話をフェアな状態に近づける。

デメリット

デメリットについては、上述のメリットに関連づけて紹介する。

(3)〈思考の起点が得られる〉は、語り手の意志とは関係なく、カードに

よって話の展開が示されることから、そのタスクに取り組むことに対して、楽しいと感じる以上に難しいと感じる人が出てくる。また、語り手に話したいことが明確にある場合、話したいように話せず、もどかしさを感じることがある。

　(3)〈思考の起点が得られる〉と(4)〈予定調和が崩れる〉に関していえるのは、偶然性に力を借りることが、コントロールできる範囲を手放すことでもあるということである。特に進行側にとってはよくも悪くも思惑に沿わない展開が生まれてくることを意識する必要がある。

　(5)〈「不適切さ」に口実ができる〉は、いたずらに相手を傷つけかねないため、参加者の安心・安全が確保されるよう、進行側の配慮が必要となる。市民参加の話し合いや、社会人の自主的な集まり、勉強会といった場では自制が効くことが多いが、いわゆる「悪ノリ」や無邪気さゆえの直接的な表現が誘発される可能性がある。

　(6)〈対話がフェアになる〉に関しては、話の展開が強制的に決まることを前提としているため、語りの内容や即興自体についての得手不得手が存在し、それが語りの質を左右する。したがって話し合いのような場では、参加者のテーマに関する理解度や関心の強さ、プライバシーの問題、価値観の違いを念頭に置いておきたいところである。

　こうしてメリットとデメリットを並べてみると、メリットの裏にデメリットがあり、その裏にまた別のメリットが生まれうる、という構図が見えてくる。たとえば、(3)〈思考の起点が得られる〉のデメリット面である「もどかしさ」について取り上げてみよう。話したいように話せないもどかしさによって、自分の言いたいことが意識の中で際立ち、口に出したい欲求が強まる。それが発言につながり、場への貢献が得られるという結果を生むことがある。また、発言につながらずとも、即興で語り終えてできた「考えの草案」を検討しなおし、自分の考えを深める機会が得られるという利点も考えられ、一概にデメリットとも言えないところである。

3. メリットとデメリットを越えて見えてくるもの

　便宜上メリットとデメリットを挙げてはみたものの、当ツールは結局のところ、「汎用性が高い反面、使い方次第である」といえる。これは言葉そのものの性質によるところが大きい。そもそもツールの成り立ちが、言葉そのものに対して物理的に取扱可能なカードという形状を与えたものであるため、それも当然のことといえる。当ツールを使うことを前提に、ルールの設定のコツを検討したり議論したりすると、あたかもコミュニケーションのコツの話であるかのように思えることがある。これもまた、言葉そのものをツール化しているためだろう。

　言葉に「形態」を与えることに関連して注目したいポイントは、言葉の選択や受け渡しについて自覚的になれるということである。極端にいえば、体験が日常的であるか非日常的であるかを分けるのは、カード形式であるか否かという差異でしかない。しかし、カードに書かれた語句が普段使いの語句であるがゆえに、体験によって得られた気づきは、容易に普段の言動へと反映される可能性を持つ。その場その瞬間の理解と行動に「続き」をつくりやすくするのである。それが、わざわざ日常的な言葉をカード化することの価値の一つであると考える。

4. ツールの果たす役割リスト

　カタルタが備えている基本的な特徴・機能は次の通りである。
- （会話や思考の展開に方向性を与える）言葉が印刷されている
- 数字とスート（記号）が印刷されている
- 言葉を隠せる／見せられる
- 授受可能（手渡す／配る／交換する）
- シャッフル可能
- モノを媒体としてルール設定を容易にする

上記の特徴や機能を活かして、話し合いにおいて当ツールが果たす役割の中で目立ったものを、以下に示す。※（　）内は、結果に貢献している特徴・機能。

・話の展開の指示(言葉)
・席替えの指示(数字・スート)
・発話順の指示(数字・スート)
・発言量のコントロール(ルール設定)
・質問の切り口の提供(言葉)
・思考の起点の提供(言葉)
・理解の歩調を合わせる(ルール設定・形態)
・同時に同じことへの意識を集める(言葉・形態)
・話題の統一に正当性が生まれる(ルール設定)
・カードによる展開の記録が簡易的な議事録になる(言葉・形態)

　ユーザーが話し合いの進行役として当ツールを用いる際は、以上のような役割をツールに見出し、適宜組合せることで対話を活性化しているものと思われる。上記のリストで示される役割の中に共通項を見出すなら、会話に新しい作法をもたらすことではないかと考えている。

5.　「第三の作法」

5.1　「第三の作法」が生まれることの効能

　通常の会話では、言語化されていないようなコミュニケーションのルールや、共有されているかどうかが曖昧な作法が存在する。そのような中で、暗黙のルールを推し量り、会話を進めていく。特に初対面同士の場合は、お互いにどのような価値観を大事にしているかということが見えにくい。そういった対話の場でいち早く打ち解け、本質的な意見交換がなされるために、アイスブレイクが行われることも多いと聞く。当ツールに関しても、特にアイスブレイクに用いられている理由としては、活発なコミュニケーション環

境が部分的にせよ容易につくられる、といった感想が多く聞かれる。対話をフェアにする、いわば「小さな無礼講」の実現によって、話し合う相手への関心をお互いに引き出しあえるなら、さらなる情報が共有される可能性を生む。この数分から数十分間の限定的なルールを、仮に「第三の作法」と呼ぼう。相手の重んじる作法でもなく、自分の作法でもなく、第三の作法という程度の意味合いであり、その場に四人いるのであれば「第五の作法」でもよい。その場では、従うべき「ゲーム」のルールに対する対処自体が注目される。発言の「不適切さ」はときに、相手の価値観や作法についての無知から生じているが、もっとも守られるべき新しい作法が導入されることで、お互いの重んじる作法を推量しあうことからいくらか解放されるようなところがある。そのとき、多少無茶な状況であるということ自体が共有されているのが望ましい。そうでなくては、「不適切さ」についてお互いの言い訳が立たず、作法を譲り合った甲斐もない。そこには、対話を活性化するために、ツールという異物が導入されることの理由が見出されるのではないだろうか。

5.2 制作の観点から見た「第三の作法」

　当ツールが会話や思考全体のゲーム化を目指すにあたり、あらゆる語りに対応するそれ相応の仕掛けが必要であった。方向性としては、それだけ広範囲の決め事を設ける方向か、どんな振る舞いに対しても等しく僅かな変更や追加を加える方向の2通りのやり方があると考えられた。当ツールは、後者を採用した。逐一思考することを強いるわりに、そのストレスが大きすぎず、ゲームやワークとして取り組まれる活動の過程で、本来の目的を大きくは妨げない。そのことが、熱中を生む。それが当初のねらいであった。しかしそのねらいを越えて、特に対話の場で度々観察される現象が出てきた。それが、発言の作法が統一され、ある種の発言のしやすさが生まれるというものだった。ツールの作法に則って話の続きをつくることに熱中すること、集中すること、執着することではじめて、参加者間の丁重すぎる人間関係への配慮が取り除かれることになるのである。このとき、コミュニケーションと

クリエイティビティの双方を刺激するツール制作という前提に立てば、「第三の作法」自体の習得のハードルは低いほうが望ましいだろう。そのことにより、場の多様性が容易に満たされ、それがクリエイティビティを刺激する環境づくりに寄与すると考えられるからである。

6. 目的と手段の幸福な取り違え

6.1 タスク分割の効能

　当ツールの体験の中で特に注目しているのは、対話や思考が細切れのタスクに分割されることの効能である。ひとつなぎの振る舞いと思われていた行為が分割され、それら一つひとつに注目が集まると、個々の行為は注意深く観察され、評価され、共有されやすくなる。その結果として、気づきや共感の場面が増え、その場が印象深いものになるのではないかと考えている。

　「ひとつなぎの振る舞い」を、もっと具体的に記述してみよう。カタルタを用いて「会話する」という行為を観察すると、カードを「シャッフルする」「手渡す」「もらい受ける」「隠す」「交換する」「選ぶ」「めくる」「（カードの）順序を考える」「（カードにしたがって）話す」等の行為に分解される。さらに、カードを直接的に取り扱う行為以外の行為も、通常より印象深く観察されるようになる。たとえば、「考えこむ」「評価を気にする」「目配せする」「視線を避ける」「間を置く」等の行為が挙げられる。

　このように、通常の会話であれば、目には見えないままにやり取りされる言葉が、カードに印刷された状態で物理的に取り扱われることによって、「会話する」という行為が分割される。ツールの取扱いによって区切られ、行為として個別的に認識される状況が生まれるのである。このとき、場に居合わせた参加者にとっては、区切られた行為に対する印象が強まってこそ理解可能になることが出てくるだろう。区切られているがゆえに、語り手は自身の語りを振り返るポイントが増える。同時に、語りがどう受け止められたのか、その評価を得るポイントを多く得る。また、聞き手も今ここで何が語られたかに注目・評価するポイントを語り手と節目を揃えるようにして得る

こととなる。このようにして、同じ瞬間を参加者全員で意識的に共有することができれば、共通の関心を引き出す意味において、状況が報われる可能性が増すのではないだろうか。これらを、タスク分割の効能と捉えている。

6.2 タスク分割の副産物

即興的なタスクを課せられることは、必ずしも望ましい結果を呼ぶものではない。偶然も作用して、タスクに翻弄され、行為の先にある目的が混乱するのである。

体験中は、語り手自身の価値観が色濃く反映される格好で、ストレスを避けるような行動に出ているように見受けられる。あるときは、時間の制限や見守られていることのプレッシャーから、沈黙を避けて接続詞への反応に集中してしまった結果「わきまえのない」発言をする。またあるときは、上司・部下の関係性に圧されて不自然な接続表現で語る。見方によっては、何かを捨てて、何かを得ているような状況といえよう。

このような目的の混乱は、よい結果を引き寄せることがある。たとえば、きれいに話をまとめたいという目的意識が強すぎた結果、「話すはずではないことを話してしまい、親しみを持たれた」であるとか、接続詞の意味を正しく使って語りたいという気持ちを優先させた結果、「長く記憶の片隅にあった出来事を思い出した」といった例がそうである。これらの例にみるように、語り手は意識の中で優先される目的に引っ張られるようにして、本来なら同時に満たそうとする別の目的を疎かにしてしまうことがままある。その際、手段にすぎないことの精度を追求した結果として、意図せず望ましい結果を得るということが起きる。普段の思考の道程から外れ、意識の持ち方がずれることで、目指した目的に紐づく結果ではない、また別の望ましい結果を得るのである。問題は、結果が吉と出るか、凶と出るかである。前者を「目的と手段の幸福な取り違え」と呼び、より多く「幸福な取り違え」が起きるために、どれだけ進行上の工夫ができるかということが、場をよりよい状態へと導くための課題になると認識している。

6.3 「目的と手段の幸福な取り違え」の価値

　進行上の工夫以前に、そもそも「目的と手段の幸福な取り違え」にはどんな価値を見出しているのか、簡単に触れておきたい。端的には、体験による新鮮さと驚きが気づきの実感を確かなものとし、内省を深めるのに役立つと感じている。結果がよい意味で期待を裏切るものになることは、起きたことの印象を深くする。それが現場での会話にせよ後日の検討にせよ、俎上に載せられ、体験が何度も思い出されることは、それ自体が気づきのチャンスを増やす。驚いたあまり、うれしかったあまりに他の人に共有される可能性や、行動に変化を生む可能性が増す。予想外のことが何も起きないことに比べれば、より自覚的に、より深く、思考を人生の要所に刻むことができるだろう。

6.4　三段階の介入方法

　「目的と手段の幸福な取り違え」を起こすにはどうすればよいだろうか。まず前提として、第三の作法もタスク分割も、万能ではない。先に述べた通り、当ツールは使い方次第である。使用に際して、メリットやデメリットと思しきことも挙げられはするが、その評価は場の目的や各参加者の目的意識によって異なるものになるだろう。また評価する期間を伸縮させることで、メリットの中にデメリットが生まれ、デメリットの中にメリットが生まれうる。この一見捉え所どころのない状況に対しては、三段階の介入によって、メリットの最大化を試みることができるのではないかと考えている。

　一段階目の介入は、カテゴリの設定である。たとえば「カタルタやろう」でもよい、「コミュニケーションゲームで語り合って親睦を深めよう」でも「偶発的な学びを考えるワークに取り組もう」でもよい。ツールを使う場の意味を設定する時点で、無意識レベルでの介入行為がすでに始まっている。むしろそれは、ツールに名前をつけるところから始まっているともいえる。もっと言えばパッケージをデザインする段階、商品陳列の段階、イベント告知の段階など、それが何であるかを説明する各段階ですでに、「目的と手段の幸福な取り違え」を起こすための引き金は引かれているといえるだろう。

二段階目は、「あらゆる語りに対応するそれ相応の仕掛け」について触れた際に一方向性として示した「広範囲の決め事を設ける」ことである。すなわち、グランドルールの設定である。もしくは、スポーツのルールのように、考えられる限りすべてのシチュエーションをカバーするように「ゲーム」のルールを細かく設定することも考えられる。

三段階目は、もっと柔軟できめ細やかな介入方法としてのファシリテーションである。ファシリテーションと表現するかどうかはさておき、場に即した語りのテーマを設定することや、進行上の機微に応じた配慮がなされることは、少なからず必要なことであろう。

ここで、もし二段階目、三段階目の介入なしに、参加者によって自律的にルールの取り決めが行われ、お互いへの配慮や工夫が生まれたとしたら、と想像してみよう。体験中に様々なレベルで、ツールが対話を活性化している状況である。その状況は、ツールがツールとしての役割を最大限に果たしているとみなすことができるのではないだろうか。参加者の理解と関心を最大限に引き出し、行動を触発するためには、果たして何がどの程度必要なのか、興味の尽きないところである。

次項より、当ツール制作における実際の試みのプロセスを共有する。

7. カタルタ制作のプロセス

7.1 制作の動機と成り立ち

「想像力の欠如を埋めるには？」という自問自答が、「視点の切り替えスイッチをつくって広める」という考えを生み、それをプロダクトとして具現化したのがカタルタである。

どのような出来事が、制作の動機にどう影響しているかといった因果関係を、詳らかに語ることは至難の業である。自問自答のきっかけとなったのは、「たいていの問題は想像力の問題だと思う」という友人の発言であったが、それからプロダクトの着想を得るまでに 9 年かかっている。正直なところ、プロダクトの制作に帰着した関心ごとをすべて「想像力の問題」とし

て一括りにしてよいのかどうかも分からない。しかしながら、生きる中で経験した理不尽さや自分自身の至らなさに慣れてしまうのではなく、何かよい工夫を考え出してみたかったことは確かである。その手がかりが、筆者にとっては「想像力」というキーワードだったのであり、脈絡のないエピソード群につながりをつくったのだといえる。そのようにして自分自身の関心の延長線上で、何か世の中の役に立つようなものをつくりたいと構想し、緩やかな「自由研究」を続けた。何かの理論を後ろ盾にしたアプローチというよりは、人々の日常の一場面に直接何かよい働きかけを行うもの、それが連鎖して広がっていくようなものをつくってみようと考え、5年かけて商品化した。

最初の企画段階(2007年10月)での企画メモが以下のものである。

> 展開ナビゲーションカード
>
> 主に接続詞(ときに「これは」などの出だし)を使いながらランダムに展開を誘導し、文章を構成することによってアイデアの肉付けや構造化をサポートするツール。人に話すと自分の考えがまとまったり、ふくらんだりする。これを一人でも行いやすくする。

この段階で、「会話及び思考のプロセスへの接続詞のランダム挿入」という手法が生まれたことになる。「何を語るか」「どう語るか」ということからツールを最大限に開放したことが大きな特徴であった。「何を語るか」については、語りのテーマをカードに記載せずに、場の要請に応じてテーマを別途設定することとした。「どう語るか」については、どのような手順でどれだけの分量をどの程度の深度で語るのか、指定を隅々まで行うのではなく、機能の提示といくつかの使用法の例示に留めた。そして、状況によってテーマと手順を設定することを奨励した。ユーザー自身で使い道を考える余地を多分に残したのである。

7.2 副詞の追加

初期段階でカタルタの原型となるツールは、接続詞とあいづちで構成され、トランプを模してはいなかった。その時点では、接続詞の一般的な分類

にしたがってカードを7色に分類し、各色6単語ずつ選定。ビジュアル素材として、接続詞の種類を表す独自の記号と数字を付していた。さらに、あいづちを4種加えた構成であった。使い方はカードゲームのUNOに近く、手札を使い切るように話していくという、単一ルールを想定していた。公開・非公開ふくめ、30回ほどテストの場を持って使用感を確認した結果、改善点として、語りの難易度を下げ、より柔軟に発話できるようにすることにフォーカスすることにした。そのことによって、より一層会話が盛り上がる状況をつくり、実際に「楽しい」と感じてもらうことが趣旨であった。

　検討の結果、まず副詞を追加することにした。具体的には、「たぶん」「どうせ」「実は」「もちろん」等である。この修正により、語りの内容に主観を挟み込む余地が開け、個人的な意見や体験について「語りたい気持ち」を誘うような効果が確認されるようになった。もとより、接続詞だけで構成した場合でも、ユーザーの想定を裏切る楽しさや、視点を変えることを実感できる面白さは感じられた。しかし筆者自身、試作品のテストに繰り返し取り組むうちに、どこか文法のテストを受けているような感覚になることがあった。そのような使用感は、多様な人々が気軽に参加して熱中することを妨げるものと感じられたため、副詞をはじめとした文頭に使える語を追加することにしたのである。リサーチの過程では「つなぎ語」に着目し、語句の選定・補充を行った。英語でいうところのリンクワードである。選定の際、特に参考になった書籍は、『あいづち・つなぎ語辞典』（W. J. ボール）、『英語リンクワード活用辞典』（ポール・スノードン）であった。

7.3　トランプ形式への変更

　既存の接続詞を7種とした分類方式に、追加した副詞を適当に割り振ったところで、もはや分類の意味をなさないため、カードの様式の変更が必要となった。そのため2010年の1月、トランプを模したヴァージョンの制作に取りかかる。2007年の着想当初からトランプ仕立てのアイデア案は持っていたものの、風変わりなトランプをつくりたかったわけではないため、迷うところがあった。しかし最終的には、ユーザー体験を重視するため、表現

の独自性は捨て、あえて既存のカードゲームとしてはもっともメジャーなトランプを模すことにした。

　まずトランプのスート（ハートやスペード等の記号）の数に合わせて、語句を４分類にすることを試みる。その際、具体化・多様化・抽象化・構造化の領域に分けた４象限マトリクス上で、語句の選定作業を行った。話の展開を多様な方向へと散らすため、言葉にベクトルを見出そうという試みである。しかしながら持てる知識では、その試みは多くを主観的な基準に頼らざるを得ず、厳密にはものの喩えであるという点が足踏みをさせるところであった。しかし、思考や会話のバランスを整えることに関して何かしらの提案を行うという目標を達成するため、語句の意味や機能を掘り下げて理解し直すという正攻法をとることにした。このときもっとも参考とした書籍は、『文章は接続詞で決まる』（石黒圭）である。分類・選定の結果は、試作品及び『ロジカル・カタルタ』に反映させた。スタンダード版においては、上述の分類を解き、コミュニケーションの場でより機能するよう語句選定上の調整を行った。意味・機能の選定バランスは、他のヴァージョン含めてこのときのものをベースとしている。

　以上のように、トランプを模すことのきっかけは、語句選定の工夫の過程で、カードの様式を変更する必要に迫られたことであった。ただ、必要に迫られただけという理由で、思想なく仕様を変更することには抵抗感があったため、変更に際しての積極的な理由を探すこととなった。

　変更を確定させる第一の理由は、独自のマニアックなルールよって対象ユーザーを狭めないことであった。その考え方は、機能的な妥当性に基づいている。つまり、ユーザーのすでに知っている何かしらのトランプのルールに手順を委ねることで、ゲーム性を担保できるという発見に支えられている。実際に試遊してみると、トランプのルール上、コンスタントにカードが表になったり、カードを捨てる行為がありさえすれば、ストーリーテリングを融合させて遊べることが確認できた。ここでは特に、トランプの持つ機能と、カタルタ特有の体験に伴う発話のテンポ及び意味的な連続性が、両存できることを確認した。そのことにより、「ゲーム」の体をなすと判断した。

これは、ツールの真新しさより体験の面白さを優先させるという判断でもあった。

　もっとも、実際にトランプのルールとストーリーテリングを融合させて使用するユーザーがどれほどいるかは分からない。特に話し合いの場では、数字とスートはグループ分けや席替え時に活用されはするが、ゲーム性を担保することの意味はさほど見出されていないようである。とはいえ、数字とスートを活かして「新しい使い方を考えられそうな気がする」ということは、それ自体が思考を誘うという意味で重要であるし、実際に使用法の考案が可能であることもまた重要な意味を持つと考える。

　第二の理由は、カタルタの体験が決して「国語のテスト」ではなく「ゲーム」であるという、メッセージとしての強さである。実際、誰がどう見てもトランプに見える。しかしトランプとは言わず「カタルタ」という独自の名前をつけているため、混乱を生むところだろう。しかし混乱は必ずしも悪ではない。そのような名前と見かけの組合せで表現したことにより、少なくとも国語の穴埋め式テストではなく、ゲームである、もしくはゲームに似た何かである、といったメッセージとしての意味合いが生まれる。その解釈をユーザーに委ねているという言い方もできるし、問いかけているということでもある。

　第三の理由は、ありものを活かすという工夫の精神を、体験と仕様の双方に込められることである。カタルタの体験自体が、参加者同士の持っている考えを持ち寄るものであるように、仕様に関しても元々存在するものを活かすことは、好ましく思われた。すなわち言葉とトランプという、人々の歴史に長く存在してきたものの組合せによって、新しい価値が生まれることに希望を感じたのである。

8. 希望の DIY[1] 支援

　前項で述べた内容は総じて、考えることを楽しくするための工夫である。しかしながら、一歩間違えれば「大きなお世話」になりえることを忘れては

ならないだろう。楽しいかどうかを決めるのはあくまで使う側である。そして上から目線で考えることを強いられて楽しくなるということは、それが何かしらの趣向を伴わない限り、あまり望まれているとは考え難い。当ツールに関しては現状、「遊び」として思考することを誘うにあたり、できるだけフラットな選択肢の与えられ方が望ましいのではないかと考え、ツールの説明やワークの手順に反映させるようにしている。それは、語り手が自らの意志によって語りを進めることを決めた分だけ、その後の思考を手繰ろうとする気持ちが増すと思われるからである。他者からの導きが強いと、自らの意志で考えを進めているという実感が損なわれるのに対し、カードというモノによる言葉の提示であれば、他者による被コントロール感は弱まる。さらに偶然の導きの要素が強くなれば、その傾向が強まる。その際、カードに託された意味が既知のものであれば、馴染みある言葉を読み上げることは、自身の持ち物チェックにすぎない。なおさらに自力で考えを手繰っている感覚は強まるだろう。そういう意味では、こちらでやっていることは「誘い」というより、「整え」に近い。

　こうして遊びとして自然な形で体験の中に埋め込まれた偶然は、人と人の役割関係をしばし緩めることに貢献する。そのことは、対話に偶然を忍ばせることの価値の一つであろう。対話の場において、立場に縛られ事態が硬直化するよりは、偶然にでも逆の立場で考える機会を得て、負う責任の軽い状態でその場に貢献する発言をしてもらうほうがよいこともある。また一方で、偶然は目的と手段の役割関係を緩めることに貢献する。その結果として、物事や人間関係について新しいつながりを発見したとき、それは計画した方法で目的を達成するという成功体験とは、また違った質の成功体験となりえる。それが成功を再定義し、別解を受け入れる素地をつくることにつながるなら、これもまた対話に偶然を忍ばせることの価値となるだろう。そしてそのためにツールが担えるのは、勇気を、きっかけや口実に差し替えていくことではないだろうかと当たりをつけている。何かに目をつぶらなくては出せない勇気なら、そこには事情があるのであり、それこそが進展にとって重要な要素であることもままある。その見えない事情に対して、見える事情

としてのツールが、活発な意見交換のきっかけや口実として機能することを期待するのである。

　事態の膠着に対して対話が重要であることに異論はないが、一方で、別解がありえることへの想像力が偶然によって誘発された場面では、望ましい結果が必ずしも粘り強い対話や理解の積み重ねを経由しないこともある。このことは、人が自分自身で発見したことについて、大いに価値を感じるということと無関係ではないだろう。それが御し難い人間の習性なのだとすると、それぞれに意見を持つ一個人が、主体的かつ多様に、そして爆発的に気づきを得ることに注力することで初めて生まれてくる可能性というものが想像される。対話や思考を進展させるにあたり、必要な交通整理役を物理的なツールによって代行させることは、そのような可能性に賭ける方策の一つと言えよう。この場合、別解がありえることへの想像力自体が元々人に備わったツールであり、その操作性を高めることが物理的なツールの役割であるとみなすと、工夫のしようが見えてくるのではないだろうか。もっとも、工夫のなされ方は目的による。対話を活性化するといっても、焦点をどこに当てるのか、様々な目的の設定があることだろう。別様でありえることを垣間見る場面を多様に作りたいのか、一つのシチュエーションを深く模擬体験することから始めたいのか、対話の中に小さな挑戦の場面を作りたいのか。いずれにせよ、狙いから一歩下がって「実感の試作環境をつくる」くらいのつもりでいるのがよさそうだ、と現在は考えている。実感はあくまで使う側のものであり、ツールはツールにすぎない。体験がツールの導きだけで完結するはずもない。とはいえ、実感の試作環境の一端をツールに担わせることに可能性を感じているのは確かだ。実感のプロトタイピングが精度を増すことにより、たとえば「続きを考えられそうな気がする」「話しても許されそうな気がする」「新しい関係性が見出せそうな気がする」と感じられるような体験は、ポジティブな期待感を高める。それを少々思いきって希望と呼ぶとするなら、その希望のDIY支援たりえるかどうかを、対話を活性化するツールをつくる際のチェックリストに加えてみるとよいのではないだろうか。

注

1　Do it yourself の略。

謝辞

　本章の検討は、多くの方々との対話やご指摘によって生まれたものです。制作初期から意見をいただいた友人たち、感想をいただいたユーザーさま、イベント参加者のみなさま、協業したみなさま、カタルタ発売後に意見交換の機会をいただいた鹿児島大学・中武貞文氏、久保田治助氏、国立国語研究所・石黒圭氏、一橋大学・石黒圭ゼミの綿貫桂太氏、東京外国語大学・中井陽子氏、お茶の水女子大学・中井陽子演習授業参加者のみなさま、武蔵野大学・島田徳子氏、東京大学・中原淳氏、専修大学・上平崇仁氏、京都精華大学・森原規行氏、熊野森人氏に心より感謝いたします。

インタラクション分析に基づく
科学コミュニケーションのリ・デザイン

高梨克也

私と話し合いとの関わり

　私が研究者を志したのは、会話にはわれわれの社会的リアリティを日々再構成していく力があるという点に興味を持ったためです。しかし、こうした「力」を解明するには、そのプロセスやメカニズムを客観的かつ詳細に分析していく手法が必要になります。私が携わってきた情報学にはこの点での強みがあります。しかし、その反面で、実験室に「被験者」を集めて収集された「データ」としての対話にはリアリティは感じられません。以前の私にとっては、社会について知るための「手段」であったはずのコミュニケーション研究が、いつの間にか自己目的化していたのかもしれません。そこで、数年前から、たとえデータ収録が行われなかったとしても、すなわち研究目的とは無関係に、実社会において参与者自身の動機に基づいて行われる会話のみを対象とし、そこでの参加者の動機や立場を分析するフィールド調査に着手しました。本章ではこうした一連の調査の一つを紹介します。

要旨

　本章では、対話型ワークショップとサイエンスカフェという市民参加型の対話の場を取り上げるが、こうした場は、データ収録のためのものではないという意味では「実験」でなく「実社会」の出来事であるものの、その一方で、会話に参加する参与者とは異なる主催者によって場が設定され、参与者は主催者によって募集されて参加しているという意味では、会話参加者自身が設定した場でもない、という独特さがある。この点を踏まえ、本章では、これらの場を分析対象として、設定された「場の中での会話」の分析と、こうした「場をデザインする」という主催者の実践に対する評価とを複眼的に捉えていく試みについて紹介する。

1. コミュニケーション科学から科学コミュニケーションへ

　著者はこれまで、会話分析や談話分析、語用論などの分析手法を用い、主に情報学分野において、人間とコミュニケーションする人工物や人間同士のコミュニケーションを支援する人工物の開発のための基礎となる、会話コミュニケーションのプロセスについての微視的な分析を行ってきた（坊農・高梨 2009、高梨 2016）。情報学の分野では、会話などのコミュニケーションに見られる規則性を実証的に明らかにしていくため、対象場面を模した対話を実験参加者に行ってもらい、その音声や非言語行動などをビデオやその他のモーションキャプチャ、アイトラッカーなどの高精度のセンサなどを用いて収録したコーパスを構築し、これを用いた定量的分析を行うという手法が主流である（Kawahara et al. 2008、岡田他 2012 など）。こうしたデータ収録方法では、精密なセンサをはじめとした多数の収録機器を利用するため、収録は実験室で行われることがほとんどである。また、定量的な分析のための変数統制のため、実験参加者に架空の対話目的や役割を与えることも多い（Carletta et al. 2006 など）。しかし、現代社会において実際に行われている会話コミュニケーションの実態を適切に捉えるためには、こうした人々が普段コミュニケーションを行う自然な環境から離れた状況で、参加の動機のない、単発の会話のみを対象とするのでは十分ではない。

　そこで、著者は、科学技術振興機構戦略的創造研究推進事業さきがけのプロジェクト「多人数インタラクション理解のための会話分析手法の開発」（2009 年 10 月～ 2013 年 3 月）では、分析対象を「自然に生起する会話」のみに限定することによって、日常生活場面において行われている会話コミュニケーションの認知的・社会的環境の複雑さの実態の解明を目指した。ここでいう認知的環境の複雑さとしては、例えば、日常生活環境の中では、会話参与者は会話だけを行っているのではなく、この会話に直接関連するものもあまり関連しないものも含む他の活動にも並行して関与しているといった事態が重要となる（高梨 2011b、高梨・平本 2011）。他方、社会的環境の複雑さについては、展示制作のためのミーティング（高梨 2015、高梨近刊）やリ

ハビリテーション病院でのカンファレンス（高梨他 2014）の際に見られる、会話参与者の多職種性とこれに基づく利害関心や、サイエンスカフェ（高梨・加納他 2011）や科学館での来館者とのコミュニケーション（坊農他 2013、城他 2015）などの科学コミュニケーションの場で見られる、専門的知識と関連した役割の非対称性などに着目したフィールド調査とインタラクション分析を行ってきた。これらのうち、本章では、科学コミュニケーションの場面を対象とした研究を紹介し、議論する。

2. 科学コミュニケーションの場の特徴

　先ほど、日常生活場面において行われている会話コミュニケーションの実態を捉えるためには、「自然に生起する会話」を扱うことが必須であると述べたが、ここでいう「自然に生起する会話」とは、まずは「たとえ収録が行われなかったとしても、同様に行われたはずの」会話であるといえそうである（高梨 2011a）。しかし、これはいうなれば「研究対象」の種類に関する分類であり、「研究手法」に関する方針なのであり、必ずしも「会話」自体の種類の分類とは言えない。実際、「研究者が分析用データの収録を目的として会話の場を設定し、参加者も研究者に集められて参加する」ものではないという意味での「自然に生起する会話」の中にも、会議のように、参加者たち自身が事前に計画的に場を設定して行われるものから、たまたま出会った知り合い同士がいわば自然発生的に井戸端会議などを始める、といったものまで、多様なものが存在していると考えられる。

　この観点から考えると、多くの形態の科学コミュニケーションにはある程度共通して興味深い特徴があることが分かる。それは、こうした場はデータ収録が目的のわけではないという意味では「実験」ではなく「実社会」の出来事に分類される一方で、会話に参加する参与者とは異なる主催者・運営者によって場が設定され、会話の参与者はこれらの主催者・運営者によって募集ないし招聘されて参加しているという意味では、（計画的にであれ自然発生的にであれ）会話参与者自身が設定した場ではない、という点である。

場の設定を行う主体と設定された場での会話に参与する主体とが異なっているということは、場を設定する主催者が何らかの目的を持ってこの場を設定し、参加者に参加を依頼し、そこで主催者が望んでいる性質の会話を「してもらっている」、すなわちその場を「デザイン」しているということであるといえる。ただし、こうしたデザインは、必ずしもゼロから実践を組み立てていくものではなく、むしろ既に継続的に行っている実践の中での試行錯誤を通じての改善を続けていくものであり、その意味で「リ・デザイン」の連続であることが多い。従って、こうした「デザインされた場」を研究対象とする場合には、参加者による会話の内部だけを分析するのではなく、会話が埋め込まれているサイエンスカフェやワークショップといった場づくりをもまた評価の対象とすることによって、リ・デザインを繰り返していく必要がある[1]。そこで、本章では、著者も主催者の一員であった市民参加型ワークショップとサイエンスカフェという二つの実践の場を取り上げ、会話の中での相互行為を価値づけている実践の場の枠組みを焦点とした考察を行う。

3. 市民参加型ワークショップにおける意見集約の評価[2]

3.1　PESTIの概要と分析対象

　「科学技術イノベーションに向けた政策プロセスへの関心層別関与フレーム設計」（以下「PESTI」）[3]は、科学技術振興機構社会技術研究開発センターRISTEX「科学技術イノベーション政策のための科学研究開発プログラム」の一つとして、2012年11月～2015年9月に行われたプロジェクトである。その活動の重要な柱の一つとして、パブリックコメント（原田2011）の存在を知らなかったり、意見を送ったことがなかった市民も含む、より多くの層の市民の声を政策に届けることを支援する目的で、「対話型パブリックコメント」（以下「対話型パブコメ」）（Kano 2014）を実施してきた。

　本章で対象とするのは、2015年4月17日（金）に開催された対話型パブコメ「ロボット×未来×夢ビジョン：となりにロボットがいる世界」である。これは文部科学省科学技術・学術政策局研究開発基盤課からの要請で行

われたもので、集約された意見もここに提出された[4]。WEB 公募された参加者は八つのテーブルに分かれて着席し（1 テーブル平均 4 人）、グループディスカッションを行った。

3.2　意見集約という主催者の目的に照らした実践評価

　各テーブルで提出された意見を文科省担当者に迅速に届けるため、今回の運営ではテーブル毎にファシリテーターとは別に記録者（主に PESTI メンバー）を配置した。次に、各テーブルで入力された意見記録を対象として、主に PESTI メンバー 2 名による意見集約が行われた。加えて、この一連のプロセスの改善を目的とした実践評価も試みられた。こうした対話型パブコメ実践の全体像を図 1 に示す。

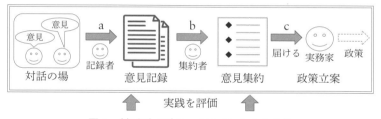

図 1　対話型パブリックコメントの全体像

　主催者にとってのこのワークショップの開催目的は、そこでの参加者の意見を収集・集約し、行政担当者に届けることによって、政策・施策立案に資することである。従って、実践評価の観点からも、この目的に照らして、一連の実践のどの部分に要改善点があるかを突き止めることが焦点となる。その際、特に着目されたのは参加者の発言の位置づけであった。すなわち、インターネットや対面でのアンケートにおいて回答者の記入内容・表現がそのまま「意見」としてエントリーされるのとは異なり、対話型の実践では、各テーブルでの参加者の生の発言（高梨他 2016）はすべてがそのまま記録されるのではなく、記録者によって取捨選択され、一部表現を加工された上で記録され（図 1a）、続く集約作業（同 b）では、集約者は元の発言を確認するこ

となく、記録者による記録のみを対象としなければならないのである。そこで、記録者による意見記録とこれに基づく意見集約について、随時映像・音声と書き起こしを用いて、元の会話の文脈に立ち戻りつつ検証することを試みた。以下では、ワークショップでの発言は「　」、意見記録の表現は〈　〉、集約者が意見記録の分類の際に付したカテゴリ名は【　】で示す。

3.3　意見集約過程における脱文脈化という課題

　各カテゴリに分類された意見記録項目について、その元になった発言を対話の文脈まで立ち返って確認すると、そのカテゴリに分類されるのが適切でないと思われる項目が一部に散見される。

事例1

「僕、そういう難病とかの（とこ）行くと、いますぐ欲しいというのね。会話できないから会話を補助してくれるものが欲しいとか、コンピュータを触れないんで、コンピュータを、動かしてくれるのが欲しい。そこに需要があるのに来ないんだよね。お金のこととか政治のことがあるかもしれんけども。ここは夢の話をしてる、せやけどほんまに欲しい人って、（　　　）の患者さんやなんかやったら、力が出ないから、周りに動いてくれるもんがいっぱい欲しいんですけれども。そこで来ないんやね、なぜか。」

　この元の発言からは、発言者の発言の焦点はロボットによる技術的な実現可能性ではなく、予算面という社会的なサポートの方にあったと考えられる。しかし、この発言に対する意見記録は〈需要はあるけれど現実にはお金、モノがない。特に社会福祉〉となっており、話題とされている社会的場面でのエピソードのような具体的な記述がないことなどの影響で、最終的なカテゴリ化では【9. 雑用代替：介護を代替してほしい】に分類されている。その一方で、同じ会話の後半における同じ発言者による「一番ロボットを必要とする人たちにロボットを与える」という発言は、記録では〈ロボットが必要な人たちにお金がない〉とされており、カテゴリ化でも【17. ロボット

によって生まれる格差を是正してほしい】に適切に分類されている。

　こうした例から分かることは、一連の意見記録・集約作業は各意見を「脱文脈化」する過程であるということである。つまり、対話の文脈に埋め込まれた形で生じてきた各意見はまず意見記録の段階（図 1a）で互いに独立の項目として記録され、さらに集約（同 b）の際には各記録項目が当初の対話の文脈からは切り離された地点で分類されざるをえないのである。集約という営みが当初の対話の場でのすべての発言とその文脈という膨大な情報を、その場に参加しなかった実務家などにも理解しやすい形式と分量に整理・圧縮するものである以上、脱文脈化は不可避ではある。しかし、記録係が発言を記録する際に（a）、そこで記録された発言が集約時（b）にどのように解釈される可能性があるかに配慮できるような何らかの指針を設けるなどの工夫も必要になってくる。

3.4　ここでの実践評価の位置づけ

　ここで紹介した対話型パブコメのような実践を評価する際、例えばファシリテータの振る舞い（土山他 2011）や、さらには一般参加者の議論スキル（大塚・森本 2011）などを評価の対象とすることも可能であろう。実際、PESTI においても、コミュニケーションの場に参加した参加者の特徴的な振る舞いを対象とした分析も行ってきた（秋谷他 2013、2014）。しかし、主催者の目的に即して考えるならば、ここで評価の焦点とすべきなのは、ワークショップの各テーブルでの会話の中での発言者の行動ではなく、これをこの会話の外部のコミュニケーションプロセスにつなげていく記録者や集約者、すなわち主催者側の実践であることになる。同時に、ここから分かるのは、科学コミュニケーションなどの「デザインされた場」におけるコミュニケーションを対象とする場合には、会話の内部での行動だけでなく、このコミュニケーションが埋め込まれている、この会話の外部をも含む社会的文脈にも評価の目を向ける必要があるということである。次節では、サイエンスカフェでの科学者のコミュニケーションスキルのトレーニングを目的としたもう一つの実践を紹介するが、これについても、サイエンスカフェ内での科学者の振る

舞いのみを対象とするのではなく、第5節で論じるように、このサイエンスカフェがその一部として埋め込まれた一連のトレーニングプログラムの実践について、より広い視野から検討していくことが必要になる。

4. サイエンスカフェでの科学者のコミュニケーションスキル[5]

4.1 科学コミュニケーションの双方性とサイエンスカフェ

　科学コミュニケーションの場においては、科学者自らが、研究成果や研究成果がもたらす社会的な影響について、専門外の人々と直接対話をすることなどが求められる (The Royal Society 2006)。その際、近年は特に「双方向コミュニケーション活動」(総合科学技術会議 2010)の重要性が強調されてきている。サイエンスカフェは、飲み物やお菓子を片手に気軽な雰囲気で、一般の人々と科学者とが科学に関する話題についてともに語り合う取り組みであるため (Nakamura 2010)、さまざまな形態の科学コミュニケーションの中でも特に「双方向コミュニケーション活動」のための場として有効であると考えられる。

　しかし、実際のサイエンスカフェを観察してまず気づくのは、サイエンスカフェには「科学者」と「一般参加者(市民)」という社会的役割の非対称があるため、「1人の科学者が他の複数の一般参加者に向けて話す」という、授業のような「一対多」の会話状態や、「ある一般参加者が科学者だけに向けて発話(質問)する」という一部参加者と科学者の間だけでの「一対一」の会話状態が続きやすい、ということである。この観点からは、科学コミュニケーションに求められる「双方向性」としては、例えば「科学者が自らの研究について分かりやすく説明し、市民からの質疑に丁寧に応答する」といったことだけでは不十分であり、「どの参与者がどの参与者に向けて話し、どの参与者が傍参与者 side-participant になるか」という、各参与者が会話の中でその都度担う参与役割 (坊農・高梨 2009) の均衡性といった観点が重要になると考えられる。こうした点を踏まえ、まずここでは、科学者側のコミュニケーション行動に着目しながら、どのようなきっかけによって、こう

した授業形式の会話状態から、より双方向性の高い会話状態への移行が起こりうるのかを分析する。第3節の最後に述べた観点からは、これはサイエンスカフェというコミュニケーションの中での参与者(＝科学者)の振る舞いを評価の対象としたものであるといえる。

4.2　双方向性を高めるための科学者のコミュニケーション上の工夫

　取り上げるのは、2010年11月に京都大学物質―細胞統合システム拠点(iCeMS)で開催された「iCeMSカフェ」の際の会話である[6]。

事例2

```
01 D  ： 組み合わせ的には、もうあり得る糖鎖は、もう膨大な数、
02 進藤： 膨大です。
03 D  ： ですね。
04 進藤： 膨大です、膨大です。
05 D  ： で、それぞれの大きさによって、それで重みを量ったら何が
      ： 入っているか、
06 進藤： そうですね。
07 D  ： ということで、
08 進藤： はい。
09 D  ： だから、患者さんがいるときに、あの、血液を、そう、採用し
       てから、それを、その重量を量って、で、その重さによって、
10 進藤： そうですね。
11 D  ： その細胞の、
12 進藤： そうですね。
13 D  ： さっきの顔という話でも、
14 進藤： そうですね。
15 D  ： ああ、なるほど、なるほど。
16 進藤： そうです。
17 D  ： あと、血液型も先に、あの、それぞれの糖を見せていただいた
```

		：んですけど、あのう、やっぱり各、O、B、Aが違うものなので、
18	進藤	：うん。
19	D	：その重さを量るときに、この人がこの血液型、
20	進藤	：そうですね。
21	D	：ということですよね。
→22	進藤	：で、実は、難しいのは、形違うんだけど、今度、<u>重さが一緒</u>
		：〈→B〉っていうのが〈→D〉あるんですよね。〈→A〉

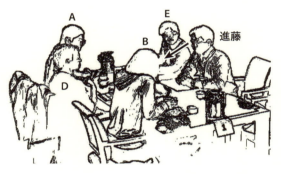

「重さが一緒」

23	B	：重さが一緒ってことは、量が一緒ってことですか、それは。
24	進藤	：そうなんですよ。
25	D	：うん、うん。
26	進藤	：そうなんです。
		：実は、実は、いい感じですね。
		：実は、実は、((足元から資料を取り出す))これいっときましょ
		：うか。
		：あ、これ、グルコースお返しします。これは誰でしたっけ。
27	D	：ちなみに、さっきの話で、同じ重さというのは、例えば、
28		：こうしても、〈→進藤〉こうしても、もうどうしても、
29	進藤	：一緒。
30	D	：四つのグルコースあるから、〈→B〉
31	進藤	：そう。

32 D   ：一緒。
33 進藤：うん。
34 D   ：違う形だけど、〈→E〉 一緒。重みが一緒。〈→B〉
35 B   ：でも、これは、性質は違うんですか。〈→D〉

「性質は違う」

　Dは一般参加者であるものの、隣接分野の若手研究者であり、当該分野に関して、他の参与者よりも多くの知識を有していると考えられる。進藤は前傾姿勢で、Dの説明に同意しながら聞いているが、しばらくの間は口を挟まない。この間、Dは基本的に進藤に視線を向けている。

　これに対して、Dの発話が一旦終了する時点を待って、進藤は22の発話（→）で、Dの説明への補足を開始するが、内容的な面だけでなく、その際の非言語行動が重要である。まず、この発話の焦点となる「重さが一緒」（下線）の直後に、進藤は視線をBに向けており、ついでこの発話の末尾では、今度は視線をAに向けており、B、D、Aから順に頷きなどの聞き手反応を引き出している。このように、進藤はDの発話に対する補足説明の形を取りながらも、単に内容的な補足を行うことだけではなく、これをDのみならず、他の参与者にも向けて「開いていく」ことを試みていることが分かる。これによって、進藤のこの発話の直後では、Dではなく、Bが質問をすることが可能になっている（23）。さらに、次のDの発話は、今度は進藤だけでなく、BやEにも視線を向けながら行われており（30、34）、その中から、BがDに質問し（35）、DがBに向けて答えるという、科学者（進藤）を

含まない、一般参加者同士のやり取りが実現されている。

　この事例から分かるのは、科学者自身の気づきと工夫によって、一般参加者間にも会話が生まれるなどのことが生じれば、上述の「一対多」や「一対一」のような、科学者を中心とした固定的な参与枠組みからの自由度が高まり、科学者を含むすべての参与者の間にカフェらしい「双方向性」が達成されるようになる可能性がある、ということである。

5. インタラクション分析からトレーニングプログラム開発へ

5.1　iCeMS カフェの開催目的

　第3節では、科学コミュニケーションの場を運営する主催者自身の実践を評価対象としたが、この観点からは、第4節の分析は、会話内での参加者(科学者)自身のコミュニケーション行動を評価的に分析するものではあるものの、こうした行動が生起するサイエンスカフェでの会話という活動が埋め込まれた一連の「場のデザイン」を評価対象としていたとはいえない。そこで、この実践についても、第3節と同様に、サイエンスカフェの場の運営を行う主催者の目的に照らした検討が必要になる。

　一口にサイエンスカフェといっても、その開催の目的は科学者側の主催によるアウトリーチ活動から一般市民のための学びの場といったものまでさまざまであるが、iCeMS カフェの開催目的の一つは、一般参加者とのコミュニケーションの経験を通じて、科学者にコミュニケーションスキルの向上を目指してもらうことにある。そのため、ここでは科学者の対話力の向上のためのトレーニングプログラムの開発という観点からの考察を行う。

5.2　ボトムアップでのプログラム開発の過程

　科学者が自らの専門分野の研究内容について一般市民と話し合うのは必ずしも容易ではないと考えられるため、著者らは、2009年より、若手科学者のための対話力トレーニングプログラム(以下「DST」)の開発・実施を進めてきた(加納他 2015)。このプログラムでは、若手科学者にサイエンスカ

フェの場で一般市民と対話する機会を提供するだけでなく、プログラムの一部として、カフェに訪れる多様な人びととの対話実践に関する事前講習と実施直後のビデオを用いたリフレクションを組み込んでいる。従って、場のデザインの評価という観点からいえば、第4節で紹介したような、受講者である科学者のカフェの最中のコミュニケーションスキルの評価（図2の白抜き矢印）だけでなく、こうした事前講習や事後のリフレクションなども含む一連のプログラム実践を対象とした要改善点の発見（同黒塗り矢印）が求められることになる。本プロジェクトでは、サイエンスカフェでの会話をビデオ記録してリフレクションに利用するだけなく、こうした一連のトレーニングプログラム自体のリ・デザインを想定し、カフェの事前の講習と直後のリフレクションについてもビデオ記録を行ってきた。

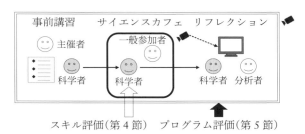

図2　対話力トレーニングプログラム実践の全体像

　一連の取り組みは、現在では各方面での実施にまでこぎつけているが、開発段階では、サイエンスカフェをビデオ収録して、その中での科学者や一般参加者のコミュニケーション行動を観察しながら、トレーニングと評価の項目をその都度追加・修正していくという試行錯誤の側面が大きかった。実際、第4節で分析対象としたカフェが開催された時期には、事例の中で科学者が見せていたようなコミュニケーションスキルを具体的かつ明示的に教示していたわけではなく、観察された行動はこの科学者が自然発生的に行ったものであり、主催者側はむしろ、こうして発見された場面から、今後取り上げるべきコミュニケーションスキルのリストをボトムアップに構築していった。

これに対して、第4節の事例の約2年後の2012年12月のiCeMSカフェで観察された事例3では、「ある参加者からの質問に直接回答せずにこの話題を別の参与者に向ける」という科学者の振る舞いは必ずしも全面的に自然発生的なものではなく、実はかなり意識化されたものであった。

事例3

科学者E：うん、そう、そう、そう。だからそういうことを考えたときに、
　　　　：どうやったら神経になりやすいiPS細胞ができるか。
　　　　：だから、iPS細胞のつくり方、僕らみたいなつくる研究を
　　　　：やっている人と、神経に、例えば分化させたい人の連携って
　　　　：いうのは、だんだん、こう重要なんじゃないかというふうに
　　　　：考えられるようになってきました。
B　　　：そのう、ね、出来上がったiPS細胞が、その皮膚からつくった
　　　　：やつと、神経からつくったやつと、血液からつくったやつで、
科学者E：うん、うん。
B　　　：例えば血液からつくったiPS細胞は血液になりやすいとか
　　　　：っていうことがあるのか、ないのかっていうのも、つなげて
　　　　：考えられた方が、
科学者E：うん、うん。
B　　　：何か、
C　　　：うん、うん。
B　　　：いいのかなとか思ったりはしますけど。
→科学者E：それも面白い問題ですね。どう思われます？
　　　　　((右掌でCを指しながら))

インタラクション分析に基づく科学コミュニケーションのリ・デザイン　65

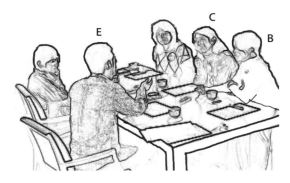

1:03:34

C　　　　：その辺がね、
科学者E：うん。
C　　　　：その、iPS細胞そのものになったと言われて、
科学者E：うん、うん。
C　　　　：で、そのものが、まるで一緒のものなのか、どうなのか。
　　　　　：それって、やっぱり遺伝子レベルで、こう、
科学者E：うん、うん、うん。
C　　　　：こう、ちょ、ちょっとずつぐらい、多少は違うのか。
科学者E：うん、そうですね。

　この場面では、科学者Eは参加者Bからの質問を「面白い問題ですね」と受け止めた上で、そのまま回答するのではなく、「どう思われます？」とすかさず別の参与者Cに向けている（→）。Cもためらうことなくすぐさま発言を開始していることからも、ここでのEの振る舞いは成功したとみてよいだろう。実際、直前のBの質問の最中から、Cは積極的にあいづちやうなずきを示していることから、EもCにこの話題を向けても大丈夫だろうと判断していたのではないかとも考えられる。そこで、カフェ直後のリフレクションの際（事例4）、分析者bがビデオを見せながら、この場面について質問したところ、科学者Eからは主催者1から教わったことを実行してみたのだという回答が得られ（→）、さらに、ここまでのCの振る舞いを観察することによってこれが成功しそうだと事前に判断していたということも

分かった(⇒)。

事例4

```
              ((ビデオ視聴中))
分析者b ：この辺はまだわりと説明をしてるんですよね。
科学者E ：うん。
分析者b ：ちょっとモードが変わるところがあって。
         ：この方は、わりとよく質問されてたじゃないですか。
科学者E ：うん、そうですね。
分析者b ：で、この人の質問に答えないで、まずほかの人に
         ：振っちゃうってことをやってて。
         ：「どう思われます」((引用口調で))
複数     ：ははは。
```

```
 分析者b ：これで、この人に質問されたことを。
 主催者1 ：うん。
 分析者b ：面白いですねって、どう思いますって、前の人に。
→科学者E ：そう。なんか、それから主催者1に初め、教えてもらった…。
＊分析者b ：ああ、やっぱりそれは結構意識されてたんですか。
 科学者E ：うんうん。それは、うん。この時期はまだ意識してますね。
              ((ビデオの続きの場面の再生など約3分半を省略))
```

分析者 b ： なかなか、Tips 使うのは難しいって話、さっきあったじゃな
　　　　：いですか。
　　　　：え、あの、たぶんこのタイミングでは、それぞれの人の関心度
　　　　：とか、これぐらいの知識持ってるだろう。
　　　　：たぶん、まったく知らない人に「どう思います」って振っちゃ
　　　　：うわけにはちょっといかないだろうみたいなのがたぶんあって。
主催者 1 ： うんうん。
分析者 b ： で、なんか、だからその辺の読みがうまく当たってるってこと
　　　　：なのかなという気がしますけど。
⇒科学者 E ： それは、なんか、その真ん中の人（参加者 C のこと）が、こっ
　　　　：ちを、ま、わりと真剣に見てたので、
分析者 b ： うん。
⇒科学者 E ： いま振ったら、まあ、何かを答えてくれるだろうなっていう感
　　　　：じがあったので、そう言ったような気がします。

　そこで、さらに事前講習での会話をビデオ記録で確認すると、次のように、主催者 1 が「参加者に話題を振る」という方法を紹介していたことが確かめられた。

事例 5

主催者 1 ： まあ、まあ、けど、まあ、明石家さんまっていうところは、
　　　　：たぶん、こう、ちゃんとゲストを立てるから。
複数　　 ： はは、はは。
主催者 1 ： ゲストの特質を見抜いて。
科学者 E ： ああ。
主催者 1 ： ガンガン振っていくから。
科学者 D ： 確かに。
　　　　：ちょっと難しいな、それ。
複数　　 ： はは、はは。

科学者E：えっ振るというところが。
主催者1：があるけど。
→　　　：振る、振るっていうのはいい。「どう思いますか」とか。
主催者2：うん、うん、うん、うん、うん、うん、うん、うん。

主催者1：「何でそんな質問したんですか」とか。
科学者E：うん、うん。
主催者1：「皆さん、どう思います」
主催者2：うん、うん、うん、うん、うん。
主催者1：そういう何か、もうちょっと自分も聞いてみるっていう。
主催者2：うん、うん、うん、うん。
主催者1：質問に質問返しをするっていう。
科学者C：ああ、なるほど。

　このように、この時期には、主催者がそれまでのカフェの運営経験に基づいて事前講習の際に口頭で行った助言を科学者がカフェの中で実践し、その場面が直後のリフレクションの場で議論の対象として取り上げられる、というサイクルが見られるようになってきている。しかし、科学者がカフェの中で見せた上述の振る舞いは講習会資料などの形で予め用意されていたものではなく、「振る、振るっていうのはいい」という発話の仕方からも分かるように、主催者1がその場の会話の流れの中で思いついたことのようにも見える。また、リフレクションにおいて当該場面を選択した際に、分析者bは主催者1が事前にこの説明をしたことを知らずにいたということも、事

例4の＊の発話冒頭の驚きを示す「ああ」の音調から分かる。つまり、この時期には同じ運営チームに属する主催者1と分析者bがサイエンスカフェでのコミュニケーションスキルに対してもつ着眼点はある程度一致してきているものの、こうしたスキル項目がプログラムとして明示的にデザインに組み込まれ、受講者に提供されているとまではいえない段階にあったといえる。

5.3　意識的なリ・デザインへ向けて

　サイエンスカフェの場で実際に見られたコミュニケーション行動の分析に基づき、コミュニケーションスキルのトレーニング項目をボトムアップに発見していくという流れは健全なものだと考えられるが、こうしたボトムアップの方向性だけによって体系的なプログラムに到達するのは難しいとも考えられる。そのため、DSTでは、5年以上にわたるサイエンスカフェの運営の経験に基づき、このプログラムによる学習目標や達成事項をルーブリック（Stevens & Levi 2013）の形式で整理していく試みを開始し（秋谷他2015）、過去のカフェで実際に見られたコミュニケーション場面の映像をルーブリックの各項目に関連づけた教材づくりにも取り組んでいる。

　しかし、コミュニケーションスキルや評価観点のリストを単に受講者に提示するだけで効果的なトレーニングが達成できるわけではない。そのため、サイエンスカフェという場の特徴やその中でのコミュニケーション行動に対する科学者自身の気づきを高められるよう、ルーブリックやビデオ教材といった資源を事前講習会や直後のリフレクションの場での活動の中にどのように効果的に組み込んでいくかという点に関する、トレーニングプログラム全体の継続的なリ・デザインにさらに意識的に取り組んでいく必要があると考えている。

6.　おわりに

　科学コミュニケーションの特徴の一つは、会話参与者自身が場を設定する

のではなく、参加者とは異なる主催者が目的を持って場を「デザイン」しているという点にあると考えられる。そこで、本章では、著者が主催者の一員として取り組んできた対話型ワークショップとサイエンスカフェという二つの実践を対象として、場のデザインの評価という観点からの考察を行ってきた。本章で紹介した科学者の対話力トレーニングプログラムや対話型パブリックコメントについては、開発メンバーが中心となって設立した一般社団法人社会対話技術研究所（SocialDiSk）[7] を通じての普及展開も始められている。しかし、本章で考察したような実践を通じての試行錯誤をより洗練されたサイクルにまで高めていくことは今後も継続的な課題となると考えている。

注
1 プログラム評価（安田 2011）の中の「プロセス評価」の一形態であると見なしうる。
2 本節の分析は高梨他（2015）の一部を再掲したものである。
3 http://www.pesti.jp/
4 http://www.pesti.jp/home/event/robotpj
5 本節の分析は高梨・加納他（2011）の一部を再掲したものである。
6 科学者は氏名（仮名）で、その他の一般参加者は A 〜 E で表記する。〈→ X〉は当該の瞬間に発話者が X に視線を向けていたことを示す。
7 http://www.socialdisk.or.jp/

参考文献
秋谷直矩・城綾実・高梨克也・水町衣里・元木環・森幹彦・森村吉貴・加納圭（2015）「若手科学者のための対話力トレーニングプログラムにおけるルーブリック開発プロセス」『日本教育工学会第 31 回全国大会論文集』pp. 503–504.
秋谷直矩・高梨克也・水町衣里・工藤充・加納圭（2014）「何者として、何を話すか――対話型ワークショップにおける発話者アイデンティティの取り扱い」『科学技術コミュニケーション』15: pp. 107–122.
秋谷直矩・水町衣里・高梨克也・加納圭（2013）「知識の状態を提示すること――再生医

療にかんするグループインタビューにおける参与構造の分析」『科学技術コミュニケーション』13: pp. 17–30.

大塚裕子・森本郁代 (2011)『話し合いトレーニング―伝える力・聴く力・問う力を育てる自律型対話入門』ナカニシヤ出版

岡田将吾・坊農真弓・角康之・高梨克也 (2012)「時系列データマイニングを援用した会話インタラクションにおけるジェスチャ分析の支援」『社会言語科学』15(1): pp. 38–56.

加納圭・水町衣里・高梨克也・元木環・森幹彦・森村吉貴・秋谷直矩・加藤和人 (2015)「研究者のための「対話力トレーニングプログラム」」『日本サイエンスコミュニケーション協会誌』4(1): pp. 18–19.

城綾実・坊農真弓・高梨克也 (2015)「科学館における「対話」の構築―相互行為分析から見た「知ってる?」の使用」『認知科学』22(1): pp. 69–83.

総合科学技術会議 (2010)「『国民との科学・技術対話』の推進について (基本的取組方針)」http://www8.cao.go.jp/cstp/output/20100619taiwa.pdf

高梨克也 (2011a)「実社会で自然に生起する継続的なミーティング活動のフィールド調査の狙いと工夫」人工知能学会研究会資料 SIG-SLUD-B101: pp. 55–62.

高梨克也 (2011b)「複数の焦点のある相互行為場面における活動の割り込みの分析」『社会言語科学』14(1): pp. 48–60.

高梨克也 (2015)「懸念を表明する―多職種ミーティングにおける野生の協同問題解決のための相互行為手続」『認知科学』22(1): pp. 84–96.

高梨克也 (2016)『基礎から分かる会話コミュニケーションの分析法』ナカニシヤ出版

高梨克也編著 (近刊)『多職種チームで科学展示をつくる―日本科学未来館「アナグラのうた」ができるまで』(シリーズ「フィールドインタラクション分析」(高梨克也監修、第 1 巻) ひつじ書房

高梨克也・秋谷直矩・城綾実・水町衣里・加納圭 (2016)「対話型パブリックコメントにおける生 (なま) の表現とその受け手の問題」人工知能学会研究会資料 SIG-SLUD-B503-01: pp. 1–6.

高梨克也・岡本雅史・榎本美香・山川百合子 (2014)「リハビリテーション病院におけるリエゾンカンファレンスの分析と別室視聴環境の効果」『均衡生活学』10(1): pp. 13–23.

高梨克也・加納圭・水町衣里・元木環 (2011)「双方向コミュニケーションでは誰が誰に話すのか?―サイエンスカフェにおける科学者のコミュニケーションスキルのビデオ分析」『科学技術コミュニケーション』11: pp. 3–17.

高梨克也・城綾実・秋谷直矩・水町衣里・加納圭 (2015)「「対話型パブリックコメント」による意見収集・集約の利点と課題の分析」電子情報通信学会技術報告

HCS2015-53: pp. 71–76.
高梨克也・平本毅(2011)「ミーティングの周辺的参加者が何かに気づくとき」電子情報通信学会技術報告 HCS2011-41: pp. 77–82.
土山希美枝・村田和代・深尾昌峰(2011)『対話と議論で〈つなぎ・ひきだす〉ファシリテート能力育成ハンドブック』公人の友社
原田久(2011)『広範囲応答型の官僚制―パブリックコメント手続の研究』信山社
坊農真弓・高梨克也編著(2009)『多人数インタラクションの分析手法』オーム社
坊農真弓・高梨克也・緒方広明・大崎章弘・落合裕美・森田由子(2013)「知識共創インタフェースとしての科学コミュニケーター――日本科学未来館におけるインタラクション分析」『ヒューマンインタフェース学会論文誌』15(4): pp. 375–388.
安田節之(2011)『プログラム評価―対人・コミュニティ支援の質を高めるために』新曜社
Carletta, J. et al. (2006) The AMI Meeting Corpus：A pre-announcement, In Renals, S. and Benhio, S. (eds.) *Machine Learning for Multimodal Interface*, Second International Workshop, MLMI 2005, Edinburgh, UK, July 11-13, 2005, Revised Selected Paper. Springer. pp. 28–39.
Kano, K. (2014) Toward achieving broad public engagement with science, technology, and innovation policies: Trials in JAPAN Vision 2020, *International Journal of Deliberative Mechanisms in Science*, 3(1): pp. 1–23.
Kawahara, T., Setoguchi, H., Takanashi, K., Ishizuka, K. and Araki, S. (2008) Multi-Modal recording, analysis and indexing of poster sessions. Proceedings of INTERSPEECH 2008, pp. 1622–1625.
Nakamura, M. (2010) STS in Japan in light of the science café movement, *East Asian Science, Technology and Society: an International Journal*, 4: pp. 145–151.
The Royal Society (2006) Survey of Factors Affecting Science Communication by Scientists and Engineers, The Royal Society.
Stevens, D. D. and Levi, A. J. (2013) *Introduction to Rubric: An Assessment Tool to Save Grading Time, Convey Effective Feedback, and Promote Student Learning* (second edition). Stylus Publishing.(佐藤浩章監訳 2014『大学教員のためのルーブリック評価入門』玉川大学出版部)

謝辞
本研究は、独立行政法人科学技術振興機構社会技術研究開発センター戦略的創造研究推進事業(社会技術研究開発)平成 24 年度採択研究開発プロジェクト「科学技術イノベーション政策のための科学研究開発プログラム」「STI に向けた政策プロセスへの関

心層別関与フレーム設計」(代表者：加納圭)、及び、平成 26 〜 28 年度研究費補助金基盤研究 B「科学教育と科学コミュニケーションをつなぐ科学者の対話力トレーニングプログラム開発」(代表者：加納圭)の支援により行われた。両プロジェクトのメンバー、特に本章の元になった発表の共著者の加納圭、水町衣里、元木環、秋谷直矩、城綾実の各氏に感謝します。

市民参加の観点から見た裁判員制度
―模擬評議に見る専門家と市民の話し合いの様相と課題

森本郁代

私と話し合いとの関わり

　私が「話し合い」に関心を持ったきっかけは、日本語ボランティア教室に関わっていた時の、毎回の活動前のボランティアの方々との話し合いや、ボランティア対象のワークショップでの話し合いの経験です。ボランティアの現場には、さまざまな年齢層の、さまざまな経験を持つ人々が参加しており、互いの視野が広がる一方で、時にそうした年齢、立場や経験の違いが障害となって、話し合いがうまく行かなくなったり、人間関係がうまく行かなくなってボランティアをやめてしまう人などが出たりすることもありました。どうしたら、さまざまな違いを乗り越えて、話し合いを前に進めていくことができるのか、というのが、私の話し合い研究の原点です。その後、同じような関心を持つ同僚と出会い、大学生の話し合い能力育成のためのカリキュラム開発、裁判員裁判における裁判官と裁判員の評議の分析に基づく評議コミュニケーション・デザインの研究などを行ってきました。社会的な意思決定を行う場での話し合いで特に障害となるのは、参加者間の知識、経験、立場の違いです。これらの違いを話し合いの「障害」ではなく「多様な可能性」にしていくためには、話し合いの過程の緻密な分析と、それに基づくコミュニケーション・デザインが不可欠であるとの思いから、研究を続けています。

要旨

　模擬裁判員裁判における裁判官と裁判員の評議を対象に、両者の間の知識、経験、立場などの大きな違いが、議論の過程でどのように表れるのかを会話分析の手法で明らかにする。特に、最終的な合意形成に至る過程で、裁判官（特に裁判長）が裁判員の意見をどのように扱っているのか、また、裁判官と裁判員とで意見が異なる場合、両者はそれぞれ相手に対してどのようにふるまうのかを分析する。そしてこれらの分析を踏まえて、評議のコミュニケーション・デザインのあり方を議論する。

1. はじめに

　平成 21 年に開始された裁判員制度は、これまで専門家に任されてきた分野への市民参加が法律によって義務化された、国内でも他に例を見ない制度である。この制度の検討を行ってきた司法制度改革推進本部の裁判員制度・刑事検討会（第 28 回）議事録（平成 15 年 10 月 28 日）によると、検討会の井上正仁座長は、裁判員制度の理念を以下のように述べている。

　審議会意見は、「裁判官と裁判員との相互の」、つまり一方向ではなく、双方向のコミュニケーション、「知識・経験の共有」ということを強調しているのでありまして、そこでは、裁判官と裁判員のどちらか一方が中心あるいは主役というのではなく、裁判官と裁判員のいずれもが主役であり、それぞれ異なるバックグランドを持ちながらも、対等な立場で、かつ相互にコミュニケーションを取ることにより、それぞれの異なった知識・経験を有効に組み合わせて共有しながら、協働して裁判を行うという制度が構想されているものと考えられます[1]。

　裁判官と裁判員の間には、当然のことながら、知識や経験において圧倒的な差があり、立場も異なるため、裁判をより分かりやすくするための工夫がさまざまに行われてきている。他方、公判審理の後、裁判官と裁判員が、事件の事実はどうであったのか、被告人に科すべき量刑はどのようなものかについて話し合い、結論を出す「評議」において、両者の知識や経験等の違いを乗り越え、井上座長の発言にあるような協働を実現することはたやすいことではないと考えられる。しかし、実際の評議において、話し合いがどのように進められているのかについては、最高裁判所が毎年裁判員経験者に対して行っているアンケートを通してしか知ることができない。
　そこで本章では、模擬評議の分析を通して、以下の 3 点について検討する。
1) 裁判員と裁判官の間の知識や経験、立場の大きな違いは、評議のコミュ

ニケーションにどのような形で表れるのか。
2) その結果、評議に何らかの問題を生じさせる可能性があるのか。
3) なんらかの問題が生じる可能性がある場合、それを回避するためには、どのような工夫や支援が必要となるのか。

さらに、上記3点の検討を踏まえて、評議のコミュニケーション・デザインの必要性を主張するとともに、市民参加としての話し合いのあり方について考察する。

2. 裁判員制度の概要と裁判員裁判の現状

2.1 裁判員制度の概要

　裁判員裁判は、殺人、傷害、強盗致傷、放火、覚醒剤取締法違反等、社会的関心の高い重大な刑事事件に適用される。裁判員裁判の対象となる事件は年間1300から1500件程度だが、殺人と強盗致傷が最も多く、全体の4割以上を占める（最高裁判所 2015）。

　裁判員裁判では、裁判官3名と裁判員6名の9名で裁判体が構成される。裁判員に選任された人の数は、制度が開始された平成21年から27年度12月現在で48000人以上に達しており、年によって異なるが、毎年7000から9000人近い人が裁判員に選任されている。裁判員が途中で職務を遂行できなくなった場合に代役を務める補充裁判員も、平成27年度12月現在で累計が17000人近くとなっている。

　裁判員の役割は、①公判に参加する、②評議及び評決を行う、③判決宣告に立ち会う、の三つで、公判では、裁判員から証人や被告人に質問をすることも認められている。犯罪の成立要件に関する法律の解釈や訴訟の手続きに関する判断は裁判官が行うが、事実の認定、刑の内容の決定は、裁判官と裁判員が協働して行うことになっており、意見の全員一致が得られなかったとき、評決は多数決によって決まる。評決に当たって、両者は等しく1票を持っているが、裁判員だけによる意見では、被告人に不利な判断をすることはできず、裁判官一人以上が多数意見に賛成していることが必要となっている。

2.2 裁判員裁判の現状

1節で述べたように、裁判員から見た裁判員裁判の現状は、最高裁判所が裁判員経験者に対して毎年実施しているアンケートによってその一端を知ることができる。例えば、平成26年度の報告書によると、「審理内容の理解しやすさ」については、表1に示すような結果となっている。

表1　審理内容の理解しやすさ(%)

	21年度	22年度	23年度	24年度	25年度	26年度
理解しやすかった	70.9	63.1	59.9	58.6	67.0	65.4
普通	23.8	28.6	31.1	32.1	29.0	30.3
理解しにくかった	4.0	7.1	7.3	7.9	2.4	2.7
不明	1.3	1.2	1.6	1.5	1.5	1.5

（最高裁判所 2015 より）

この数字を見ると、審理内容を理解しやすかったとする回答が6割から7割となっており、分かりやすい裁判を目指して法曹関係者がさまざまな努力を重ねてきたことが功を奏していると考えられる。例えば、日本弁護士会は、法廷用語の日常語化に関するプロジェクトチームを発足させ、審理で用いられる法廷用語・専門用語を洗い出し、裁判員が理解しやすいよう言い換えた日常語の対応リストを作成している（日本弁護士連合会裁判員制度実施本部法廷用語の日常語化に関するプロジェクトチーム 2008）。また、公判前整理手続きの導入によって、事前に裁判所、検察側、弁護側の三者で裁判の争点を明確にした上で、公判審理が行われていることも、裁判員の理解を容易にしていると思われる。

次に「評議における話しやすさ」（表2）及び「評議における議論の充実度」（表3）についてのアンケート結果を見ると、「話しやすい雰囲気」「普通」を合わせると9割を超えている。議論の充実度も7割を超えているが、他方、「不十分であった」「わからない」も合わせて2割以上存在する。

全体として見ると、裁判員裁判においては審理が分かりやすく、評議も意見を言いやすくて議論が充実しているという評価ができるだろう。その一方

表2　評議における話しやすさ(%)

	21年度	22年度	23年度	24年度	25年度	26年度
話しやすい雰囲気	83.1	77.3	75.6	74.0	76.4	76.7
普通	15.6	20.7	22.1	23.0	21.0	20.7
話しにくい雰囲気	0.8	1.6	1.7	2.2	1.7	1.9
不明	0.5	0.4	0.7	0.8	0.8	0.7

（最高裁判所 2015 より）

表3　評議における議論の充実度(%)

	21年度	22年度	23年度	24年度	25年度	26年度
十分に議論ができた	75.8	71.4	71.5	72.0	74.0	74.8
不十分であった	5.9	7.1	7.4	7.6	6.8	7.5
わからない	17.3	20.1	19.7	18.9	17.5	16.4
不明	1.0	1.4	1.5	1.4	1.7	1.3

（最高裁判所 2015 より）

で、2割以上の裁判員が、議論の充実度について肯定的な評価をしていないことも事実である。では、裁判員は、評議での議論に対して何を否定的に捉えているのだろうか。この点については、アンケートの自由記述欄の記述が手がかりになる[2]。最高裁判所による報告書の中には、自由記述欄に書かれた意見のいくつかが紹介されている。例えば、平成26年度の「裁判員等経験者に対するアンケート調査結果報告書」では、裁判官の評議の進め方について、「適切だったなどと評価するもの」が1565件、「何らかの意見・提案を含むもの」が515件あったとされている。前者については、「一般市民にも分かりやすい言葉でかみくだいて説明してくださり、裁判官は良いペースメーカーとして機能していたと思います。」「適切。我々が考えを整理しやすいように、ホワイトボードを使って理解を助けてくれた。最後まで話を聞いてくれた。否定をせず意見として聞いてくれた上で、論点がずれないように援助してくれた。」などの意見がある一方、後者については、「自分と違う考え方に決まった場合、自分の考えを変えて他の方に合わせて次のステップに

進みづらかった。」「段階をふむのは分かるが、今は何について話せばよいのか、個人的な考え方でいいのか、総合的な考え方の方がいいのか、もう少し質問、意見を出す時にはっきりしてほしい。」などの意見も紹介されていた。また、裁判官による一定の意見への誘導があったかどうかという点については、誘導がなかったとするものが 19 件、誘導があったなどとするものが 48 件あったと報告されており、前者の意見として、「裁判官が説明の他に、一つの意見や考え方の反対意見や態度を故意に示してくれたことが、全体を見るための助けになった。思いこみで一方向に行きそうになるのを止めてくれた。」という記述がある一方、後者については、「裁判員が話すと裁判官が話し、裁判員、裁判員、そしてまた裁判員という話がなく、裁判員の話が少しずつ修正されながら進んだようで、自由な形であまり進まなかったような気がします。」「他の裁判員の方が「誘導されてる感がある」と話していましたが、私もそう思いました。事件の背景など、もっと議論に時間をかけてもよかったのでは。」「基本ルールにしばられすぎているので、結局裁判官の考え通りに誘導され進んでいる。まず、ルールにとらわれずにみんなの意見を言い合う事が必要！」などの意見が挙げられていた。

　こうした自由記述から、評議の実際の様子を垣間見ることができる。しかし、これらの指摘が、評議の過程において具体的にどのような形となって表れていたのかまでは分からず、改善のための具体的な方策を立てることができない。評議の改善のためには、実際の場面を詳細に分析し検討することが不可欠なのである。

3. 模擬評議の分析に基づく評議コミュニケーションの特徴に関する先行研究

　裁判員制度において、裁判員は非常に厳しい守秘義務が課されており、評議のプロセスやそこで行われたやりとりを明かすことは禁じられている。そのため、実際の評議を対象に第三者が検証を行うことは、上記のようなアンケートという形を除くと実質不可能な状態である。したがって、評議コミュ

ニケーションの特徴を把握し、課題を明らかにするためには、実際の裁判員裁判に近い状況で行われた模擬評議を分析する以外に方法はないが、そうした試みは少ないながら存在する。

　例えば、森本（2007a, b）は、模擬評議の分析から、評議冒頭の裁判長と裁判員のやりとりを「教室型コミュニケーション」と呼び、議論において「専門家であり正解を知っている裁判官＝教師」と「素人の裁判員＝生徒」という構図が発生していること、そして、裁判員が、裁判官が「正解」を持っているという期待のもと、それに志向するような発言を行っていることを指摘した。この教室型コミュニケーションは、裁判官と裁判員の発言の連鎖の組織化に表れた問題を示すものだが、森本（2009）に、評議の過程全体にもさまざまな問題点が見られることを見いだし、具体的には、以下の6点を挙げている。

① 裁判員が事件の経過を把握できていない
② 事件の経過と争点が整理できていない
③ 争点と意見が関連づけられない
④ 各人がバラバラに意見を出し議論が深まらない
⑤ 議論が蒸し返される
⑥ 結論とそれまでの議論が結びつかない

　一方、小宮（2012）は、裁判長による意見の求めが、特定の誰かを指名することなしに全員に向けてなされた場合、裁判員は自分の答えが「しろうと」としてのものであることに敏感であらざるを得ず、それゆえに意見があっても自発的に意見を開始することは少なく沈黙が生じやすいと述べている。そして、こうした沈黙に対処し、かつ裁判員の負担を軽減するために、裁判長はしばしば答えやすい質問に言い換えたり、特定の裁判員を指名したりすることを指摘している。つまり、森本が指摘した教室型コミュニケーションは、裁判長が裁判員から意見を引き出すために順々に指名するという方法を取っていることの帰結であり、そこには裁判員と裁判官の間の知識や経験の非対称さが顕在化しているということができるだろう。

　では、森本や小宮らが指摘した特徴以外にも、評議において知識や経験の

大きな差が顕在化する場面はあるのだろうか、そしてあるとしたらそれはどのような問題を引き起こす可能性があるのだろうか。次節では、筆者らが収録した模擬評議の分析を通して、1節で述べた研究設問に従い、これらの問いについて検討する。

4. 模擬評議に見られた裁判官と裁判員の知識・経験の非対称性

4.1 分析データ

本章が分析するデータは、「スナック・ハーバーライト事件」と呼ばれる模擬裁判を対象とした模擬評議である。裁判の内容は、被告人西村が、スナック・ハーバーライトで酒を飲んでいる時に、被害者松岡と口論になり、被害者から暴行を受けて帰宅した後、刺身包丁を持ち出して店に戻り、被害者の腹や膝、肩などを刺してけがを負わせたとして殺人未遂罪で起訴されたというものである。

裁判官役は4人の裁判官経験者と2人の刑事訴訟法の専門家に依頼し、二つの裁判体を作った。裁判員役は、年齢や職業、性別ができるだけ多様になるよう人材派遣会社に依頼して参加者を募集した。公判審理は、スナック・ハーバーライト事件の公判審理部分のみを収録したDVDを各裁判体で視聴してもらったが、裁判長による裁判員への説明、DVD視聴、評議と評決に至るすべての進行は、裁判長及び裁判官役に任せた。

4.2 分析

裁判員と裁判官の知識や経験の違いが評議コミュニケーションにおいて顕在化している場面はいくつも見られたが、本章では特に裁判長の言動に焦点を当てて以下の2点を取り上げる。

(1) 刑事裁判における検察側と弁護側の主張の二項対立に対する志向
(2) 裁判員に対する意見の再考の求め

4.2.1 刑事裁判における検察側と弁護側の主張の二項対立に対する志向

　刑事裁判では、検察側の主張が合理的疑いを入れない程度に立証されているかどうかを検討することが裁判体（裁判官と裁判員）に求められている。ところが実際には、検察側の主張と弁護側の主張のどちらが合理的であるかという二項対立の下に議論が進められることが多く、裁判長の言動にも、この二項対立に対する志向が強く見られた。

　以下の事例 1 は、スナック・ハーバーライト事件の公判審理部分の DVD を全員で見た後で、裁判長がこれから評議に入ることを宣言した直後のやりとりである。この裁判の検察官側の主張は、被告人が殺意を持ってわざと被害者を刺したというものであり、対する弁護側は、被告人が最初に自分に暴行を働いた被害者に対して包丁を向けて「謝れ」と言ったところ、もみ合いになり、はずみで包丁が刺さってしまったと主張している。なお、裁判員の名前はすべて仮名である。

事例 1[3]

```
01   裁判長：これから,え最初に,い::(.)被告人に(.)殺意が
02         あったかどうかについての,事実の認定を,え::
03         ここで,話し合いたいと,>思います<.hh で午前中に
04         言いました通り,一応,お一人ずつあの:今の時点で,
05         この争点についてどんなふうに考えておられるか.を,
06         え::(0.6)ここで出していただいた上,どの点が問題
07         なのかを,そのあとで,え::::(5.0)書き出して,(0.8)
08         その対立点を,話し合っていきたい..hh とゆうふう
09         に,思いますので,え:順番として,玉井さん,
10   玉井：は[い
11   裁判長：　[から
12   玉井：はい,え::と,(1.6)<私はやって(.)いないのでは
13         >ないかなと思いますが:,>えっと<気になる点が
14         いくつか[ありまし-
```

```
15  裁判長：           [やっていないっていうのは :=
16  玉井：    = あ あの :::  もみ - もみ合いのすえ =
17  裁判長： = ええ
18  玉井：    誤って刺してしまったん [ ではないかと私は =
19→裁判長：                          [ あ :検察官の主張のような =
20  玉井：    = 思う ( んですけど )
21→裁判長： = ことはしてい [ ないんじゃないかと .[ はい
22  玉井：              [ ない            [ はい . ま :=
23           = でも >ちょっと <わからない所がありまして :
```

　12・13行目の玉井の「やっていないのではないかなと思いますが」という発言に対し、15行目で裁判長が「やっていないっていうのは :」と、「やっていない」がどういう意味なのかを確認する質問を行う。それに対する16・18・20行目の玉井の「もみ合いのすえ、誤って刺してしまったんではないかと私は思う」という答えは、「やっていない」ことを説明するのではなく、被告人が「やった」ことに言い換えられている。すると、19・21行目で裁判長は「あ :検察官の主張のようなことはしていないんじゃないかと」と述べて、玉井の答えに対する自分の理解を示している。

　ここで注目すべきは、「検察官の主張のようなこと」という表現である。刑事裁判では、検察側と弁護側のどちらの主張がより説得力があるかを検討することが裁判体に課せられた課題であり、両者の二項対立が議論の枠組みとなる。「わざと刺した」「殺そうと思って刺した」という表現ではなく、「検察官の主張のようなこと」という表現がここで用いられていることは、刑事裁判の議論の枠組みに対する裁判長の志向を表していると言えるだろう。

　こうした志向性は次の事例にも見られる。事例2の直前では、裁判員の大杉が、被害者の松岡が証言の中で、包丁が刺さらないように被告人の手を抑えたと言っている一方で、包丁に気が付いたのはもっと後だったとも言っているのは矛盾していると思うので、殺意はなかったと判断したと述べてい

た。1行目から始まる裁判長の発言は、大杉の発言に対する確認要求である。

事例 2

```
01  裁判長： その -(.) 松岡さんって被害者の証言の中で [:
02  大杉：                                    [ はい.
03  裁判長： え :::(0.8) こう (0.8) こう包ちょう : を持ってる
04        手を押さえたというふ [ うに =
05  大杉：                   [ はい.
06  裁判長： = 言ってるんだけれども、(0.5) 松岡さん自身が :
07        [ 実際包丁に気付いたのは =
08  大杉：  [ はい
09  裁判長： = もっとあとだと .=
10  大杉：  = はい.
11        (0.4)
12  裁判長： > だから :<(.) 気が付いてない物を
13        (0.4)
14  大杉：  押さ (h) え (h)[ ら (h) れ :
15  裁判長：            [ 気が付いて押さえたというのは , 松岡
16        証言はおかしいんじゃないか [( と ).
17  大杉：                        [ はい.
18        (0.3)
19  裁判長： そういう :(.) 疑問か [ ら.
20  大杉：                    [ はい.
21        (0.4)
22  裁判長： うん.
23        (0.5)
24  裁判長： はい . そして ,(0.5) え : 背中の傷 ,(.) は :, 被告人の ,
25        お : 供述とは矛盾するんだけれども ,
26  大杉：  はい
```

27   (.)
28 裁判長：もみ合って,(0.6)いた,場合には,そういう傷も,あり
29   うるかもしれない.
30 大杉： はい,そうですね.
31→裁判長：と両方の,こう,(0.8)おかしさを比較する<u>と</u>:,検察官
32→   のほうの主張のほう[が]
33 大杉：   [はい.]
34→裁判長：よりおかしいかなと[いう,ことですか¿
35 大杉：   [はい,そうですね.
36 裁判長：はい.

　裁判長は、大杉の意見を確認するだけでなく、31から34行目にかけて、「検察官のほうの主張のほうがよりおかしいかなということですか」と、大杉の意見を検察側と弁護側の二項対立の中に位置づけて確認を求めている。ここにも、裁判長の二項対立に対する志向性が見てとれる。

　一方、事例1の玉井の発言にも見てとれるように、裁判員の側には、検察側と弁護側という二項対立に対する志向性は薄い。これは、刑事裁判における事実認定のための議論の枠組みを裁判官だけが理解しており、裁判員がそれを共有していないことを示している。

4.2.2　裁判員に対する意見の再考の求め

　裁判員が意見を述べた後、裁判長が確認要求を行う場面は、模擬評議において非常によく見られる。その多くは、上の事例2のように裁判員の意見を確認するものであったが、中には、別の角度から意見を再考するよう求めているように聞こえる質問も見られた。

　以下の事例3は、被害者の傷の深さから被告人の殺意が認定できるかどうかについて、裁判長が裁判員の高田に意見を尋ね、高田が10センチという深さからは殺意までは認定できないと述べた後に、裁判長が確認要求を開始している場面である。

事例 3

```
01  裁判長： >そうすっと<(.)前と同じように,刺すつもりでは
02         刺したけれども,
03  高田：  はい.
04         (0.6)
05  裁判長： 殺すまではという,
06  高田：  そうです[(ね)
07  裁判長：       [それと :=
08  高田：  =殺すとかそういう感情が思わずない.ただ,
09  裁判長： うん
10  高田：  一時的にも:頭に血がのぼって,
11  裁判長： う:ん
12  高田：  とりあえず,相手に:ダメージをみたいな.[.hh
13  裁判長：                              [うんうん
14         (0.4)
15  高田：  部分,(0.4)を感じられますね.
16         (0.3)
17→ 裁判長： この点あの,(0.4)高田さんの意見では[さっき
18  高田：                              [はい
19→ 裁判長： 一番最初に確認したね¿
20  高田：  はい
21→ 裁判長： あの::(.)被告人が,>その<「ぶっ殺してやる」と.
22  高田：  は:はい.
23         (.)
24→ 裁判長： 覚悟しとけっ[ていうふうに捨てぜりふを置いて,
25  高田：          [はい
26  高田：  はい
27→ 裁判長： 戻って包丁を,
28  高田：  はい
```

```
29→裁判長：そのへんのこう,被告人の,その:[:興奮具合を,=
30  高田 :                        [そうしん-
31  高田 : = はい =
32→裁判長：= との関連ではどうなりますかね :
33  高田 : >そうです<あの ::「ぶっ殺してやるぞ」っていう :,
34          せりふなんですけど ,
35  裁判長 : う:ん
36  高田 : 覚悟しとけよ ,[ も>そうなんです<けど , .hh
37  裁判長 :              [うん
38          (0.5)
39  高田 : やっぱりその ,被告にん :,当時 >やっぱ<酔ってたと .
40  裁判長 : うん
41  高田 : そのある程度その :興奮状たい :,はもう想像できるん
42          ですけど .
43  裁判長 : う:ん
44          (0.4)
45  高田 : それはもう ,松岡さん :,のその ,ま :被告人が
46          きっかけでありますけども ,
47  裁判長 : うん
48  高田 : 暴りょく :が ,その ,過剰な ,.hh(.)暴りょく :だった
49          と思うんですよ .
50  裁判長 : うん =
51  高田 : = その :ボコボコにして :,その ,倒れてるところ
52          ( も / を ) 何度も ,.hh その 20 発以上と被告人が言って
53          たんですけども [ 裁判で .
54  裁判長 :              [う:ん
55  高田 : それでもやっぱ ,それでまた ,ますますもう ,
56          .hh 許せなくなると言うか ,
57  裁判長 : う:ん
```

58   (0.8)
59 高田：   悔しい＞という＜気持ちはすごい想像できて，
60 裁判長： うん

　高田が、被告人には殺意がなく、ただ一時的に頭に血がのぼって相手にダメージを与えようとしたのではないかという意見を述べたのに対し、17行目から裁判長が、被告人が被害者に暴行を受けて家に帰る際のセリフや興奮具合について取り上げ、再度意見を求めている。これらの点について高田の意見では言及されていなかったため、裁判長の質問は、別の観点から意見を再考するよう要請しているものとして理解可能である。
　次の事例4は、別の裁判長による評議であるが、ここにも同じように、裁判長が裁判員に対して別の観点からの意見の再考を求める場面が見られた。

事例4
01 裁判長： た-(.)たとえばどういう，
02   (1.2)
03 石田：   やはり(0.8)(°なんてゆうんだろう°)酔った勢いって
04   すごいおっきいのと：その前に暴行を受けた：,ん：
05   ずいぶん重いですよね?=
06 裁判長： =うん．
07   (0.6)
08 石田：   で：＞やっぱり＜(.)ずいぶんとカッときてたん：では
09   [ないかと思うんですが：,=
10 裁判長： [うん．
11 裁判長： =うん．
12 石田：   で：や-ま::(.)刺身包丁ってやっぱりとがっていて
13   とて[も鋭い．=
14 裁判長：   [うん．

15 裁判長：＝うん．
16 石田： 物,＞なので＜殺傷力がついてもう見る限り,＝
17 裁判長：＝うん．
18   (0.8)
19 石田： もう,感覚でわかるものだと思うんですよね¿
20 裁判長：[うん.]
21 石田： [それを]一旦家に帰って:,(0.4)普通でしたら
22   ちょっと気が静まるところを:,=
23 裁判長：＝うん．
24   (0.6)
25 石田： もち-(.)nnえ:と:,また戻ってくる.(0.7)＞なんで
26   その間も＜それも静まってない.(1.0)ってゆう
27   ので:,(0.9)ま:刃物って＞ゆうのは＜やっぱりこう,
28   刺すものだ．あ-(1.0)っていうので:脅しに使うもの
29   ではそうそうないんではないかと．
30 裁判長：うん．
31 石田： 思っ(.)てま[す．
32 裁判長：   [うん.＝
33 石田： ＝は:い
34 裁判長：う:ん．
35   (0.3)
36 裁判長：うん．
37 石田： う:ん．
38   (1.2)
39 石田： °ですね:.°
40   (2.4)
41→裁判長：その:uささ-(.)さ-(.)s刺され方はどうだったんで
42→   しょう[かね¿
43 石田：   [＜刺されか[た:も,＞

```
44  裁判長：は：う：つまり：被告人が刺したのか [：
45  石田：                              [ はい．
46        (0.3)
47  裁判長：そ [ の：：：  ] もみ合って刺さったという：の ,=
48  石田：   [ そのもみ合って ]
49  裁判長：= と, そういう状況と,
50        (0.6)
51  石田：  は::
52  裁判長：ど -, どうなん [ ですか？
53  石田：              [ はですねあの ::(1.4) 至近距離だった
54         ので,
55  裁判長：うん.
56  石田：  よ - けるのは難しい、
57  裁判長：うん.
58  石田：  よける理由がないというようなことが書いてあるん
59         ですが, .h やはり人が前からこう来たら ,(0.8) 刺す
60         刺さない > まったく < 関係なくただ通行してるだけ
61         でも ,> やっぱり < よけるってゆうのが自然な行為だと
62         思うんですよね.
63  裁判長：うん.
```

　事例3と4に見られた裁判長による確認要求は、いずれも、直前の裁判員の意見に示されていた根拠や理由に対するものではなく、別の観点（「被告人のせりふ」や「被害者の刺され方」）を提示しつつ、裁判員に意見の再考を求めるものである。こうした質問は、裁判員の視野を広げ、事件を多方向から検討することを可能にすると同時に、裁判員の意見を誘導する危険性をもはらんでいる。2節で述べた裁判員経験者に対するアンケートの自由回答の中に、「裁判官が説明の他に、一つの意見や考え方の反対意見や態度を故意に示してくれたことが、全体を見るための助けになった。思いこみで一方向

に行きそうになるのを止めてくれた。」という意見がある一方で、「結局裁判官の考え通りに誘導され進んでいる。」という意見が見られたことは、ここで見たような裁判長の言動が持つ二面性と関連があるのかもしれない。

5. 評議のコミュニケーション・デザインの必要性

　4節で、裁判官と裁判員の知識と経験の非対称性が、コミュニケーションに顕在化している例の一端を示し、それが評議において裁判長の誘導へとつながるなどの問題を生じさせる可能性があることを指摘した。このような問題が起きないためには、評議をどのように進めるかをデザインする「評議のコミュニケーション・デザイン」（三島他 2007：三島 2015）が不可欠である。筆者は、刑事学、心理学、言語学、情報工学などの研究者と裁判の実務家らとともに、模擬評議の分析に基づき評議のコミュニケーション・デザインを行ってきた。紙幅の関係上ここではその詳細については触れないが、鍵となる概念は「外在化と共有」であると考えている。外在化とは、知識、記憶、アイデア、意見の一部または全体、あるいはそれに関連する情報を、持続的に知覚でき、情報の追加、配置の変更など様々な操作を加えることが可能なかたちで個人の外部に表現することを指す。知識、記憶、アイデア、意見などのメモ書き、図、イラストによる表現などがこれにあたる。一方、共有とは外在化された表現が、表現者本人だけではなく他者にも利用されている状態を指す。裁判体のメンバー一人一人が、事件における出来事の時系列情報や関係者の行為についての理解を何らかの形で外在化して全員で共有し、それを常に参照できるようにすることで、知識や経験が大きく異なっていても、お互いの理解や前提の違いに気付くことができ、修復することが可能となる。外在化と共有を促進するための具体的な方法として、例えば、意見を付箋に書いて貼り出し、それを全員で整理することで、何についての意見が一致し、また分かれているのかを全員が理解することができる[4]。また、公判審理で出された証拠や証言が、検察側と弁護側のそれぞれの主張とどのように関わっているのかを可視化するために、主張と証拠の構造を図示

するなどして貼り出し、常にそれを参照することによって[5]、検察側と弁護側の二項対立という枠組みを裁判員も常に意識することが可能になる。裁判長の「意見の再考の求め」も、主張と証拠の構造を指し示しながら行うことで、なぜこの観点から再考する必要があるのかを裁判員が理解することができるだろう。

　裁判官と裁判員の間に横たわる知識や経験の大きな差を乗り越え、真の協働を達成するためには、評議のコミュニケーション過程の分析と検討に基づいたコミュニケーション・デザインが必要なのである。

6. おわりに

　1節で述べたように、裁判員裁判は、法律によって制度化された市民参加の一形態である。評議に見られたコミュニケーション上の特徴や課題は、他の市民参加の話し合いに共通するものもあると考えられる。その一方で、裁判員制度に特有の特徴として、話し合いの参加者が扱う問題や対象（事件）の当事者ではないという点が挙げられる。また、市民参加の話し合いにおいては、必ずしも合意形成を行わないものもあるが、裁判員裁判においては、事実認定、量刑についての合意形成を必ず行わなければならないなどの点も異なる。

　このような違いはあるものの、5節で述べたような評議のコミュニケーション・デザインのやり方は、さまざまな分野の市民参加としての話し合いに応用できる点もあると思われる。市民参加をさらに推し進めるためには、他の分野での話し合いとの比較検討を通して、コミュニケーション・デザインの方法について議論を深めることが重要である。

注

1 http://www.kantei.go.jp/jp/singi/sihou/kentoukai/saibanin/dai28/28gijiroku.html
2 自由記述欄には「評議の進め方(裁判官の進行、裁判官の説明、評議の時間、休憩の取り方など)について、何かお気づきの点があれば、ご自由にお書きください」という指示が書かれている。
3 トランスクリプト(転写)の記号

[	複数の参与者の発する音声が重なり始めている時点。
[ ]	重なりの開始と終わり。
=	2つの発話が途切れなく密着している。
( )	聞き取りの不可能な場所。
(言葉)	聞き取りが確定できない場合。
(m.n)	音声が途絶えている状態の秒数。ほぼ 0.2 秒ごとに( )内に示される。
(.)	0.2 秒以下の短い間合い。
言葉 ::	直前の音が延ばされていることを示す。コロンの数は引き伸ばしの相対的な長さに対応している。
言葉：	強調を伴いながら末尾が少し上がるようなやり方で区切りがつく。
言 -	言葉が不完全なまま途切れていること。
h	呼気音。h の数はそれぞれの音の相対的な長さに対応している。
.h	吸気音。.h の数はそれぞれの音の相対的な長さに対応している。
言葉	強く発せられた音。
° °	音が小さいこと。
.,?¿	語尾の音が下がって区切りがついたことはピリオド(.)で示される。音が少し下がって弾みがついていることはカンマ(,)で示される。語尾の音が上がっていることは疑問符(?)で示される。語尾の音がいったん上がったあとまた下がる(もしくは平坦になる)とき、それは逆疑問符(¿)で示される。
> <	発話のスピードが目立って早くなる部分。
< >	発話のスピードが目立って遅くなる部分。
(( ))	非言語的なふるまいや注記など。

4 三島(2015)等では、この方法を「付箋紙法」と名付けている。
5 三島(2015)では、この方法を証拠構造焦点化法と呼んでいる。

参考文献

大塚裕子(2007)「環境の設計はなぜ必要か」『法律時報』79(1): pp. 123-128.
大塚裕子・本庄武・三島聡(2008)「付箋紙法による論告分析型評議の実践」『法律時

報』81(9): pp. 71–81.
大塚裕子・本庄武・三島聡(2009)「裁判員制度における評議デザイン論の展開(2)―付箋紙法による論告分析型評議の実践」『法律時報』81(9): pp. 70–81.
小宮友根(2012)「評議における裁判員の意見表明―順番交替上の「位置」に着目して」『法社会学』77: pp. 167–196.
最高裁判所(2011)裁判員等経験者に対するアンケート調査結果報告書(平成21年度) http://www.saibanin.courts.go.jp/topics/pdf/09_12_05-10jissi_jyoukyou/03-1.pdf〈2013年8月30日アクセス〉
最高裁判所(2012)裁判員等経験者に対するアンケート調査結果報告書(平成22年度) http://www.saibanin.courts.go.jp/topics/pdf/09_12_05-10jissi_jyoukyou/h22_keikensya.pdf〈2013年8月30日アクセス〉
最高裁判所(2012)裁判員等経験者に対するアンケート調査結果報告書(平成23年度)〈2013年8月30日アクセス〉 http://www.saibanin.courts.go.jp/topics/pdf/09_12_05-10jissi_jyoukyou/h23_q1.pdf〈2013年8月30日アクセス〉
最高裁判所(2013)裁判員等経験者に対するアンケート調査結果報告書(平成24年度) http://www.saibanin.courts.go.jp/topics/pdf/09_12_05-10jissi_jyoukyou/h24_keikensya.pdf〈2013年8月30日アクセス〉
最高裁判所(2014)裁判員等経験者に対するアンケート調査結果報告書(平成25年度) http://www.saibanin.courts.go.jp/vcms_lf/H25_survey_1.pdf〈2016年3月3日アクセス〉
最高裁判所(2015)裁判員等経験者に対するアンケート調査結果報告書(平成26年度) http://www.saibanin.courts.go.jp/vcms_lf/26-a-1.pdf〈2016年3月3日アクセス〉
最高裁判所(2015)裁判員裁判実施状況の検証報告書 http://www.saibanin.courts.go.jp/vcms_lf/hyousi_honbun.pdf〈2016年3月3日アクセス〉
西條美紀・高木光太郎・守屋克彦「論告分析型評議の提案」(2008)『法律時報』81(8): pp. 83–93.
西條美紀・高木光太郎・守屋克彦(2009)「裁判員制度における評議デザイン論の展開(1)―論告分析型評議の提案」『法律時報』81(8): pp. 83–93.
司法制度改革審議会(2001)「司法制度改革審議会意見書」ch. IV.
野原佳代子・森本郁代・三島聡・竹内和広(2009)「裁判員制度における評議デザイン論の展開(3):論告分析型評議の実現に向けて」『法律時報』81(8): pp. 84–95.
三島聡(2015)『裁判員裁判の評議デザイン―市民の知が活きる裁判をめざして』日本評論社
三島聡・西條美紀・森本郁代・大塚裕子(2007)「評議のコミュニケーション・デザイン―評議の形式・技法・環境設計」『季刊刑事弁護』52: pp. 62–68.

森本郁代(2007a)「裁判員をいかに議論に引き込むか―評議進行の技法の検討」『法律時報』79(1): pp. 117–122.
森本郁代(2007b)「コミュニケーションの観点から見た裁判員制度における評議―「市民と専門家との協働の場」としての評議を目指して」『日本刑法学会 刑法雑誌』47(1): pp. 153–164.
森本郁代(2009)「評議設計はなぜ必要なのか―評議の課題と設計の方法」『判例時報』2050: pp. 4–11.

授業における話し合い
―小学校社会科授業を事例として

唐木清志

私と話し合いとの関わり
　私の専門は、社会科教育学です。教育学の中でも少々特殊なこの学問領域において、小学校・中学校・高等学校の教科「社会」「地理歴史」「公民」の授業でどうやったら市民を育てることができるかを研究しています。そのため、これまでに数多くの授業を観察してきました。観察した授業は必ずしも素晴らしいものばかりではなく、なかには「？？？」と思うものもありました。良い授業とそうでない授業、両者を分かつ指標になるのが、話し合いの有無です。では、みなさんは話し合いの意義を、どこに見出しているでしょうか。私は、人は話し合いを通して、仲間をつくり、自分をつくり、そして、社会をつくるのだと考えています。私にそのようなことを気づかせくれたのは、授業であり、何よりも、授業の主人公である子どもたちでした。今後も子どもたちの可能性に目を向け、話し合いに満たされた授業をどうつくるのかについて、研究を深めていきたいと思います。

要旨
　本章では、「授業における話し合い」に注目し、子どもがどのように学び合うのかを検討する。なお、分析対象とするのは小学校5年生の社会科授業、授業内容は水俣病である。子どもは授業の中で、C社で働くFさんが水俣病患者の証人を引き受けたかどうかを話し合う。子どもが意見の根拠とするのは、自らが調べたこと、教師から提示されたFさんへのインタビュー記録である。子どもは、事実に基づき、根拠を持って意見を述べることを学ぶ。また、友だちの意見に触れ、自分の意見の不十分さを知る。そして、子どもの学びの輪の中で、教師もまた多くのことを学び、子どもと共に成長する。市民参加の話し合いは、授業における話し合いと同じく、学びの機会でもある。

1. はじめに―教育学からのアプローチ

　「市民参加の話し合い」を考えるにあたり、本章では「教育学」の学問領域からアプローチする。また、具体的な研究対象を、学校で展開されている「授業における話し合い」とする。

　学校には、授業の他にも「市民参加の話し合い」を考えるのに適切な研究対象がある。例えば、職員会議における話し合い、三者面談における話し合い、学校運営協議会における話し合いなどである。実際には、これらを取り上げた方が、教員として、保護者として、地域住民として、市民である大人が学校という場でどう話し合いに参加しているかを検討できるため、本書の刊行意図に準じているかもしれない。では、なぜ本章では敢えて、大人ではない子どもによる「授業における話し合い」に注目するのか。

　「授業における話し合い」を検討することで、話し合いを通して人は何を学び、その学びを可能とするためにはどのような手立てが必要となるのかを明らかにできる。こうしたいわゆる授業づくりの発想は、「市民参加の話し合い」を計画する際にも役立つものである。また、授業を取り巻く環境が、話し合い参加者の同年齢性、教室空間の隔離性、授業時間の限定性のように総じて制約的であるため、話し合いの複雑性をより深く考察するのに好都合であるということも考えられる。そして、何よりも、「市民参加の話し合い」を文化として日本社会に根付かせるためには、学校教育の主たる使命である「人材育成」という観点が不可欠であり、それは学校においては授業を中心に営まれているからである。

　本章では、小学校5年生の社会科授業を事例として「授業における話し合い」を検討する。授業で取り上げた教材が「水俣病」である点も、この授業に注目する理由の一つになっている。仮想的にではあるが、授業において子どもが「市民参加の話し合い」に関与し、彼らが一歩一歩市民へと成長していく様子を、授業記録として示した子どもの発言より読み取って欲しい。

2. 話し合いと授業の関係性

2.1 なぜ授業で話し合いが必要とされるのか

　昨今の授業改革では以前にも増して、「話し合い」に注目が集まっている。初等・中等教育であれば「言語活動」「21世紀型スキル」、高等教育（大学教育）であれば「グローバル人材」「アクティブ・ラーニング」、これらキーワードとの関連から話し合いに関してさまざまな提案がなされている。

　それでは、なぜ授業で話し合いが必要とされるのか。その理由を説明するには、二つの方法がある。一つは、社会的要請から話し合いの必要性を説明する方法、そして、もう一つは、子どもの成長過程を考慮に入れて教育学的な立場から話し合いの必要性を説明する方法である。

　まず、社会的要請に関して説明してみたい。例えば、「グローバル人材」である。グローバル社会の拡大にともなって、大学教育改革がかつてないほどの勢いで進行している。海外で活躍できる人材を養成するため、多くの大学が英語教育の充実に努めている。そして、これは何も大学に限ったことではない。小学校に英語教育が導入され、大学と同様にグローバル人材の育成が試みられていることは周知の事実であろう。また、「市民参加の話し合い」との関連では、「シティズンシップ教育」(Citizenship Education)の動きも見逃せない。裁判員制度や18歳選挙権の実施といった子ども・若者を取り巻く社会環境の変化は、主権者教育としてのシティズンシップ教育を学校教育に導入する原動力となった。シティズンシップ教育に関する実践では一様に、個人学習ではなく「協同学習」(Cooperative Learning)が大切にされ、話し合いを中心とした授業が展開されている。このように、学校教育に向けられた社会的要請は、「授業における話し合い」に変換され、今日では多くの授業に話し合いが導入されるに至っている。

　もう一つの、教育学的な立場に関してだが、ここでは「言語活動」に触れておきたい。言語活動は、例えば、「各教科等の指導に当たっては、児童の思考力、表現力、判断力等をはぐくむ観点から、基礎的・基本的な知識及び技能の活用を図る学習活動を重視するとともに、言語に対する関心や理解を

深め、言語に関する能力の育成を図る上で必要な言語環境を整え、児童の言語活動を充実すること」[1]（文部科学省 2008）と説明される。つまり、言語活動では、話し合いの能力ではなく、思考力・表現力・判断力等の能力を高めることに主眼を置いている。話し合いはあくまでも、そのための一つの手段という位置付けなのである。こうした発想は、「市民参加の話し合い」を考える際にも役立つものであろう。つまり、話し合いに参加する市民は、授業で話し合いに参加する子どもと同じように、その話し合いの過程で、話し合いの能力だけでなく、さまざまな能力を身に付けることになる。その中には、例えば、社会における自らの在り方を問い直す「生きる力」のような、生きることの根源につながる重要な能力も含まれる。

　社会的要請を引き受けつつも、教育学的観点に立って、教師は話し合いの授業を計画・実践する。その際の教師の眼差しは、現代社会よりは、未来社会に向けられるものであろう。未来社会で市民として生き生きと生活する子どもの姿をイメージしながら、教師は話し合いの授業に関与するのである。

2.2　話し合いの授業づくりはどう行われるのか

　学校にはさまざまな教科・領域があり、それぞれで授業が大きく異なる。算数の授業と体育の授業を単純に比較することは不可能である。しかし、「授業における話し合い」という観点より、それら異なる授業に目を向けることによって、その比較は十分に可能となる。「授業における話し合い」は、教科・領域に関係なく、同じ理論と方法に基づいて計画され、実践されるからである。

　授業づくりには、二通りの考え方がある。一つは、授業を「目標」「内容」「方法」の三観点から捉えるものである。小学校社会科の授業を事例に、考えてみたい。教師はまず、子どもに教える「内容」を選ぶ。多くの授業は教科書に沿って展開されるため、教科書に掲載された社会的事象がこの内容に該当する。「スーパーマーケット」「ごみ」などである。次に、教師は学習指導要領や教科書の指導書を参考に、その内容を取り扱うことで、子どもにどのような能力や技能を身に付けさせることができるかを考え、「目

標」を設定する。目標は、観点別評価の「関心・意欲・態度」「思考・判断・表現」「資料活用の技能」「知識・理解」の四観点から設定するのが一般的である。そして、教師はどのような「方法」を使用することが目標の達成に有効であるかを考え、授業を計画する。この方法の一つが、話し合いである。なお、内容・目標・方法の検討に、どこから開始すべきという順序性はない。まず話し合いという方法に目を向け、そこから授業づくりを開始することも可能である。

　なお、以上の事柄を、教師が学習指導案という形にまとめるのは一年に数回にすぎない。それを作成するのは、授業研究時などの特別な機会のみである。しかし、教師はこのようなプロセスを無意識の内に身に付けてしまっており、したがって、日々の授業もこのプロセスの下で展開されている。

　授業づくりの考え方のもう一つは、「教師」「子ども」「教材」の三観点から捉えるものである。授業に「教師」と「子ども」が存在することは、誰もが思い付くことであろう。しかし、教師と子どもだけで授業は成立しえず、そこには必ず「教材」が必要となる。この教材には、子どもが持参している教科書や問題集・資料集、教師が用意した拡大写真・グラフや実物などが含まれる。そして、教師は子どもを教材に注目させながら発問をし、それに対して子どもは教師の発問に基づき教材について考える。例えば、小学校社会科の歴史の授業で、教師は教科書に掲載された写真を教材として用いる。その写真が仮に、縄文時代と弥生時代の村の様子を、それぞれイラストで示したものであったとしよう。教師は発問する。「縄文時代の村と弥生時代の村はどこがどうちがうのか」。すると、子どもは両者の違いを考え、その答えをノートに書く。その後に、話し合いがスタートする。話し合いは小集団で行うこともあるし、教室全体で行うこともある。いずれにせよ、子どもは自分の意見に基づいて発言をし、場合によっては、友だちの発言を聞きながら、自分の意見を修正・変更する。このように、子どもの話し合いを活発なものとするには、教材の質が重要となる。子どもの興味を引き、先に触れた「内容」の本質につながるような良質な教材を、教師は探し続けなくてはならない。

授業づくりの現場には、「教材七分に腕三分」という言葉がある。授業では授業技術（腕）にも増して、教材開発が大切になるということを言い当てた言葉である。話し合いの鍵は、教材が握ると言っても過言ではない。

2.3 話し合いの授業研究はどう行われるのか

さて、大きな可能性を秘めた話し合いだが、それはどの教室にも同じように見られるわけではない。話し合いを中心とした授業を実践するのは、実はとても難しいことである。それでも教師は話し合いの授業を実践すべく、日々授業改善に努めている。授業を計画し、実施し、評価し、改善する取り組みを、個人で、学年で、教科で、そして、学校全体で行っている。いわゆるPDCA（Plan-Do-Check-Action）サイクルによる取り組みであるが、教育学ではそれを「授業研究」（Lesson Study）と呼ぶ。授業研究は、日本特有の取り組みで、今日では、諸外国からも大きな関心が寄せられている。

授業研究は、次のように進めるのが一般的である。まず、学年或いは教科で教員グループを作り、授業者を決定する。近年では授業研究を校内の教員研修の柱とする学校も少なくなく、その中には、年に一度は必ずこの授業者になるというノルマを課す学校もある。授業を教員相互で見合うことが、授業力向上の良い機会であると考えているためである。次に、授業者は教材開発をしながら授業づくりを進め、学習指導案を作成する。作成された学習指導案はグループ内で検討され、場合によっては、グループ内で模擬授業（マイクロティーチング）を実施する。こうすることで、授業づくりはより洗練されたものになる。そして、実際に授業の実施である。授業時には、授業の様子をビデオカメラで撮影したり、教師と子どもの発言を一つひとつ記録したりして、授業後の検討会に備える。授業検討会では、さまざまな記録物が参観者に提示され、それらに基づいて、授業に対する反省が加えられる。授業を評価する観点としては、例えば、子どもの発言から授業の目標は達成されたと言えるのか、教師の発問は子どもの話し合いを活発とするのに適切であったのか、また、鍵となる子どもの発言をうまく拾い上げてそれを話し合い全体の深化に役立てることができたのか、などである。この検討会を経て

得られたさまざまな知見は、関係者の間で共有され、その後の授業改善に役立てられる。

　授業研究を実施することの意義は何よりも、教師の授業力の向上にある。そして、一連の授業研究を根底より支えるのが、「反省的実践家」(Reflective Practitioner)という考え方である。ショーン(Donald Schön)は、実践家は行為を行っている最中にも、他者の発話や身体の動きを観察するという省察を行っており、その省察が行為そのものの質的向上に役立っていると考えた(ショーン 2001)。ショーンはこの省察を「行為の中の省察」(reflection in action)、その行為者を「反省的実践家」と呼んだ。このショーンの考え方を、教育学は積極的に受け入れ、特に授業研究の場面で役立てた。「行為の中の省察」という営みが、教師が授業の最中に行う典型的なものであると、多くの学校教育関係者が同意したためである。

　本章の以下では、小学校5年生の社会科授業を紹介する。それは、上記の授業研究の一環として実践されたものである。また、具体的にはまず、授業記録を示し、授業における話し合いの役割を分析する。しかし、検討はそこに留まらない。本章では、話し合いを支援する側(教師)にも目を向けてみたい。話し合いを支援する側にも目を向け、「市民参加の話し合い」について考えることが極めて重要だと思うからである。日本に「市民参加の話し合い」を根付かせるためには、後者の支援する側に目を向けることも不可欠といえる。支援する側の工夫と成長、ここが話し合いの鍵である。

3.　「授業における話し合い」を通して成長する子どもと教師

3.1　問題解決学習と水俣病の教材化

　授業で話し合いを組織するには、そもそも学びとは能動的で構成的なものであるという発想に、教師が立てなければならない。教師主導の知識注入型のスタイルの下で、話し合いの授業は成立しない。

　「問題解決学習」は、このような学びの発想に基づき、話し合いの授業で大いに参考にされる学習理論である。問題解決学習は、学習者が問題に直面

し、問題を解決するためにそこまでに学んだ知識や技能を活用し、その過程で思考力を高めるとともに、人間的に成長できることを目的に実践される。また、問題解決学習は、個別的な学びに留まらず、協同的な学びを誘引する点に特徴がある。問題を協同的に解決しようとする場面において、話し合いが生じるのは必然といえよう。話し合いに参加することで、子どもは自分とは異なる友だちの意見に触れ、自分の意見を再評価する。さらに、友だちと話し合いを進める中で、彼らの意見を参考にしつつ、自分の意見を修正したり、大きく変更したりする。このような話し合いを通しての協同的な学びが、問題解決学習の基盤を形成するのである。

　問題解決学習の授業は、子どもが問題に直面するところから始まる。この際の問題を、「学習問題」と呼ぶ。問題解決学習に基づく話し合いの授業では、1時間の授業で一つの学習問題を取り扱うこともあれば、数時間にわたって一つの学習問題を継続的に追究し続けることもある。いずれにせよ、子どもが学習問題への強い関心や執着心を持てないままだと、話し合いは深まっていかない。子どもが学習問題を他人事ではなく自分事として、どれだけ切実感を持って受け止められるか、ここが問題解決学習の生命線となる。

　なお、本章で紹介する社会科授業は、公害に関する授業である。小学校5年生の社会科には「国土の学習」と呼ばれる学習領域があり、そこでは、国土の保全ための森林資源の活用や、公害から国民の健康や生活環境を守ることの大切さなどを取り扱うことになっている。

　学習指導要領や教科書を参考に、教師は子ども・地域の実態や自らの関心に基づき、個性的な教材を開発する。そのような中で、授業者である由井薗健の注目したのが、「水俣病」であった。由井薗が水俣病の教材化に込めた思いは、以下の一文に端的に言い表されている(由井薗 2011: 36)。

　子ども一人一人が、本単元において、水俣と向き合う様々な人々の生き方や思いにふれることを通して、「水俣が語りかけるもの」を、自分の生活と結びつけて考え、問い続けるきっかけとなればと願う。

この発想は、例えば、社会学者友澤悠季が「公害」に関して、「「公害」はつねに、高度経済成長の「影」と形容されてきた。しかし、「公害」という得体の知れない脅威を全身で感じてきた人びとが続けた無数の思索は「影」ではない。その意味で、「公害」は、人間の人間に対する問いかけである」（友澤 2014: 224）という発想と似通っている。つまり、水俣病は過去に発生した事実として片付けられるものではない。それに関わった（関わる）人間に目を向けることで、子どもを含む現代人に対して「問い」を投げかけていると捉えられるべきものである。そして、その問いを持ち続けることは、現代を生きるわれわれにとっての一つの使命ともいえる。

3.2　授業の概要

本単元の概要は、表1に示す通りである。なお、一般には、国土の学習に15時間をかけることはない。そのような多くの時間を一つの単元にかけたことの背景には、授業研究を一つの使命とした大学附属小学校を取り巻く環境と、問題解決学習と話し合いに関心を寄せる由井薗の授業観がある。

また、15時間に及ぶ授業の全体的な流れを、表2に示す。ここから、いわゆる「導入部」と言われる段階（学習活動「1.」に該当）に、5時間をかけて、じっくりと子どもの学習に対する意欲を高めている様子を見出せるだろう。時間に追われ授業を進める教師には、この導入部に時間をかけることが、授業進行上の大きなマイナスと映るようである。しかし、問題解決学習を重視して授業を展開する由井薗のような教員は、その焦りが結果として、子どもが粘り強く学び続けることの阻害要因になることを承知している。

話し合いの中心場面は、学習活動の「2.」の部分である。この部分では、由井薗が現地まで足を運んで教材研究を深め、実際に交流することを通して、子どもと共にぜひ考えてみたいと思い付くに至った「Fさん」の生き方が中心教材となっている。FさんはC社に1957年に入社、定年退職後は胎児性水俣病患者の生活を支える地域生活支援事業所「ほっとはうす」で働いている。そして、Fさんは水俣病第三次訴訟の原告の証人の経験もある。

表1 授業の概要

項　目	内　　容
単元名	水俣が語りかけるもの〜「もやい直し」でつなぐ人と人、そして自然〜
学年・学級	第5学年3組
学校名	横浜国立大学教育人間科学部附属横浜小学校
授業者	由井薗健
実践期間	2009年12月〜2010年2月
総時間数	全15時間
単元目標	○水俣病についての「自分たちの問題」を意欲的に追究するとともに、水俣と「共に生きる」人々の思いを受けとめ、自分の生活と結びつけて考えようとする。(関心・意欲・態度) ○水俣病の被害は人々の健康や生活環境だけでなく、人と人との関係も脅かすことや、水俣の人々がいったん壊れてしまった人と人との関係、自然と人との関係をもどし(「もやい直し」)、よりよいまちづくりを行おうと努力し続けていることの意味について考える。(社会的な思考・判断) ○「自分たちの問題」について、インターネットや地図、統計等各種の資料を効果的に活用して調べたり、自分の見方・考え方の根拠となる資料(ノート)をつくったりすることができる。(観察・資料活用の技能・表現) ○水俣病の原因や特徴、水俣病によって人々の健康や生活環境、人と人との関係が脅かされたことや、関係諸機関をはじめさまざまな人々がその解決に向けて努力をしていること、水俣は、「共生」のあり方を、今を生きる自分たちへ語りかけているということを理解する。(社会的事象についての知識・理解)

由井薗(2011)を参考に筆者作成

3.3 成長する子ども

　15時間の授業は、由井薗自らの手によって、すべてビデオカメラに収録されている。ここで紹介する話し合いは、この内の10時間目(2011年1月23日実施)のものである。本授業の目標は、以下の通りである(由井薗2011: 38)。

　「ほっとはうす」で胎児性水俣病患者を支える元社員のFさんの生き方を

表2 授業の流れ

学習活動	学習問題
1. 水俣病患者の写真から、水俣病に関心を持ち、水俣病の特徴や原因について調べた事実を共有し合う。	・「しゃくら しゃくらと がっこうに いくと」や患者さんの写真から感じたことを出し合おう！(1)
	・水俣病はどのような病気なのか？(2)(3)
	・水俣病はなおらないのか？(4)
	・なぜ排水をとめられなかったのか？(5)
2.「ほっとはうす」に通う患者や職員の生き方や思いにふれ、水俣病の問題解決に向けた水俣市民のあゆみについて具体的に追究する。	・半世紀生きてきた胎児性患者さんの今の気持ちは？(6)(7)
	・C社に勤めていたFさんの今の気持ちは？(8)
	・なぜFさんは水俣病にかかわろうとしなかったのか？(9)
	・Fさんは裁判で証人になることを引き受けたのか？(10)(11)(12)
3. 今の水俣の様子を知り、「もやい直し」が実践され続けている理由を考える。	・なぜ水俣は公害のまちから「環境モデル都市」になれたのか？(13)(14)
4. 水俣と「共に生きる」今の人々の思いを受けとめ、「水俣が語りかけるもの」について、自分の生活と結びつけて考え、表現する。	・「水俣が語りかけるもの」とは何か？(15)

※(括弧内)は何時間目かを示す。

由井薗(2011)を参考に筆者作成

見つめていく中で、「Fさんは裁判で証人になることを引き受けたのか？」という「自分たちの問題」を追究していくことを通して、これまでの学習をもとに水俣病の原因であるC社の社員としての葛藤を考え、自分の「見方・考え方」の根拠を示しながら表現したり、説明したりすることができる。

ここでは、話し合いによる子どもの学びを、「子どもの発話記録」と「子どもの振り返りノート」という二つの授業記録から分析してみたい。

3.3.1 子どもの発話記録

まず、「子どもの発話記録」である。授業の一部抜粋を、表4に示す。なお、話し合いに出てくる「Fさんのインタビュー」とは、教師から子どもに配布された資料（「胎児性水俣病患者さんを支える共同作業所「ほっとはうす」の職員Fさん（元「C社」社員）にインタビュー」）を指す。そこで、ここでは、「子どもの発話記録」をより正確に読むために、配布資料（「Fさんのインタビュー」）の中で話し合いと関連する部分を表3に示し、その後で、「子どもの発話記録」（表4）を示してみたいと思う。

以下の表4における「番号」は、授業における発話順を示している。子どもと教師は別々に、番号が付されている。また、「話者」の欄に示した「T」は教師（Teacher）を指し、その他は子どもの氏名のイニシャルである。

さらに、「発話内容」の欄に示した「C」は、「C社」を除いて、子ども（Child）を示している。例えば、「13C」は、番号13の子どもの発言という意味である。

表3　Fさんへのインタビュー

番　号	インタビュー内容
①	（省略）
②	そういう中で一次訴訟（1969）、二次訴訟（1973）、三次訴訟（1980：40歳）という水俣病の裁判があって。三次訴訟の時に「C社」の現役の私に現地調査に立ち会って欲しいと。そういう話が出てきたんですね。だから、確かに正直言って会社の立場に反する立場を私が主張することになるんで…。
③	で、無事定年退職（1999：60歳）をして、42年勤めて、退職した後、退職前に介護福祉士の資格をとって、福祉の世界に入る気持ちになりました。福祉の仕事をしている中で、「ほっとはうす」と出会って（2005：65歳）、そこで前職をやめてここに入らないかという声がかかってですね。これもやっぱり縁だと。縁だと。私が定年したあとの生きる、やっぱり縁としてあるんだから、よしという気持ちになって入ったんですね。
④⑤⑥⑦⑧	（省略）

由井薗（2011）を参考に筆者作成

表4 話し合いにおける子どもの発話記録

番号	話者	発話内容
17	SS	えっと僕はことわったと思うんですけど、Fさんのインタビューの新しいところの、真ん中の方に、(他のCが該当箇所を見つけるのを待つ。)いいですか、そこに「C社を守れという立場」って書いてあって、②の最後のところで「確かに正直言って会社の立場に反する立場を私が主張することになるんで」って書いてあるから、C社にも秘密っていうものがあるから、僕は、ことわる。
13	T	ん、会社をやっぱり守りたい？(C：はい)(T：板書をしながら…。C社の秘密って…。)
18	FS	私は、引き受けたと思うんですけど、さっきのON(13C)さんが言っていた「無事定年退職」の「無事」なんですけど、私は、逆に、あれ、ふつうに定年退職をしましたでもいいんだけど、「無事」ってついているから、えっと裁判を引き受けて、でも、クビにならずに、無事に定年退職できましたという意味だと思いました…。
19	NS	あ〜確かに！
14	T	ちょ、ちょっと待った。「無事」って書いてある。さっき僕も、ON(13C)さんが言ったとき「無事、定年退職」ってなんだろうね。(C：あっそうか。)(T：板書を指しながら)引き受けたけど無事定年退職なのか。FS(18C)さん、そういうこと言っている…。
20	SA	私は、なんか、みんなはことわると、そうすると自分が守れていいというふうに言っているけど、逆に、患者さんからことわると責められて、それで、結構水俣病の人って強いし。今日配られた資料にも…。
15	T	ちょっとその資料をひらいてみて。(C：OHさんのお父さんが昨夜もってきてくれたやつ。)そう、OHさんのお父さんが、あ、ゴメンちょっと言わせて、昨日の夜十時半に電話がかかってきて、熊本に出張に行ったときに県庁に行ったら、あの50部、あの、みんなの勉強のためにもらったという、持ってきてれたのはOHさんが。ありがとうね。
21	SA	その資料の裏にある年表のところの、(T：裏、ちょっとここって見せて。はい。ここか。)そこの、1969年、昭和44年のところの、年表のところに、患者112人が裁判所に訴えたとあって、112人くらいいるから、もしことわったら、その112人の人がFさんのことを責めるってことになるから、そしたら、ちょっと…。(C：怖い。)水俣っていうクラスがなんか、ひとりぼっちにいるFさんで、それでみんなから責められる感じになるから、それはちょっと、さすがに辛いし、耐えられないって感じがしたから。だから、ちょっといやだったかもしれないけど、引き受けるしかなかったかなと思います。(C：でも！)

22	YR	私も引き受けると思うんですけど。新しい資料に「私の妻も病弱だったので…」って書いてあるじゃないですか。(T：ちょっと、周りを見ながら…。C：新しい資料の、Fさんの。)のところに、「私の妻も病弱だったので…」と書いてあるじゃないですか。ということは、その水俣病患者の人のつらさも、多分Fさんはわかると思うんですよ。で、しかも、で、わかるし、その、わかるからこそ、その証人を引き受けなかったら、苦しいし、悔いが残ると思うから、引き受けたと思います。(C：それにつけたし！)
23	IM	つけたしで、私も引き受けると思うんですけど、さっき(17C)、さっき、「C社を守れという立場」だって言っていたけど、でも、多分、FさんはC社を守れという気持ちより、やさしさの方が強かったんじゃないかって私は思います。
24	STA	YRさん(22C)に反対の考え方なんですけど、妻が病弱だから働けないじゃないですか？だからもし引き受けたってクビになっちゃったら、お金が入ってこなくなっちゃうから、それで、進学のお金とかもなくなっちゃって、で家計が大変になっちゃうから…。出たかったけど…、ことわるしかなかったのかなと思います。
16	T	STAさん、気持ちはあるけど、出たいという気持ちはあるけど…、どちらかといったらことわるというのは、「本当にしょうがなく」ってことなんだよね。そこがちょっと違うね。そういうこと？
25	STA	しょうがないけど…、しょうがないけど、ことわるしかなかった…。

由井薗(2011)を参考に筆者作成

　この話し合いを、三つの観点から分析してみたい。

　第一に、子どもの発言は「証人を断った」「証人を引き受けた」の二つの間で大きく揺れ動いている。最終的にFさんは「証人を引き受けた」わけだが、そのことを知らされていない子どもは、さまざまな根拠を持って、自分の意見を述べる。社会科授業で話し合いを組織するには、このように意見が対立する題材を取り上げて、ディベート型に授業をつくるのが一般的である。現実の市民参加の話し合いでテーマとなる論争的問題も、この授業と同じように、明確には回答しにくい、価値の対立する社会的事柄がほとんどであろう。

　第二に、子どもは事実に基づいて意見を述べている。意見の根拠になる主たる事実は、「Fさんのインタビュー」である。紙一枚にまとめられたイン

タビューにすぎないが、そこに書かれてあることを、子どもは自らの持っている知識や経験をフル活用して、解釈しようと努める。なお、先の授業記録からは推測できないであろうが、多くの子どもは話し合いに参加する前に、個別の調べ活動を展開している。そのようにして調べた内容に対する自信と、それに基づいて他者を説得しようとする強い熱意に支えられて、子どもの話し合いの質は高まっていくのである。

　第三に、話し合いを通して、子どもは社会における自らのあり方を問い直している。「証人を断った」理由として、子どもが妻の病気や子どもの進学といった家族の事情に触れているあたりは、その典型箇所といえる。さらに、子どもは、黒白をつけようとする話し合いに参加しながら、黒白をつけることはとても難しく、「どちらかと言えば…」程度の回答しかできないことに気づく。話し合えば話し合うほど、考えれば考えるほど、そうなるのである。この混乱が逆に、子どもを成長させる大きな原動力となる。

　以上、三点から授業の話し合いを分析した。話し合いでは、年齢に関係なく、大人でも子どもでも、①価値対立場面で考える、②事実に基づいて考える、③社会における自らの在り方を考える、この三点にわたり同様な方法に基づくことになる。最後に、由井薗の社会科授業観を紹介しておきたい。そこから、上記三点の妥当性を推し量ることができる（由井薗 2011: 57）。

　黒白を安易につけず、灰色・玉虫色の結論を探り続けていく問題解決的な学び、絶えず社会に目を開き、みんなの幸せのために自らの「生き方」を問い続けていく学び、言い換えれば、「問題解決し続けていく学び」こそが、「共に学びをつくりあげる力」をはぐくむ社会科学習の実現のために大切にしていくべきことなのではないだろうか。

　教師の思いと子どもの思いが交差するところ、そこに「授業における話し合い」が成立する。

3.3.2　子どもの振り返りノート

　ところで、授業における話し合いは、実際に話し合いには参加せず、友だちの発言をただ聴いていた子どもに対しても大きな学びの機会を提供する。ここではそのような子どもの一人、A児の学びを紹介してみたい。

　先に紹介した話し合いの授業（第10時）の直後に、A児はノートに次のように記した（由井薗 2011: 52）。

　今日は考えがものすごくゆれました。始めたときには絶対にことわったと思いました。でもみんなの発言でどんどん動いていきました。私が一番ゆれたのはFS（18C）さんの意見です。私はOY（13C）さんと同じようにクビにならなかったから「無事」と考えていました。でも、FS（18C）さんは、その「無事」を裁判を引き受けたけどと読み取っていました。自分とは全く反対でびっくりしました。四十人この二組でよかったと思います。（後略）

　友だちの発言を聴き、自分の意見を改めて振り返りながら、意見を再構成していくA児の学びの姿を、ここから読み取ることができる。さらに、A児のノートは、次の言葉で締めくくられている（由井薗 2011: 52）。

　（前略）Fさんは本当にどういう決断をしたのでしょうか？なぜ「ほっとはうす」の職員の方はFさんのことをさそったのでしょうか？次の話し合いで考えたいです。

　問題解決学習における学びでは、このように、子どもの中に次々と問題が生じていくことを大切にする。自分で調べながら考え、時には友だちの意見に助けてもらって方向修正をして、ようやく問題が解決したと思った矢先に、また新たな問題が生じてくる。子どもは再び、問題の解決に向けて考え始めることを余儀なくされる。堂々巡りで非生産的にもみえる問題解決学習の過程も、人の成長という観点からみると、とても重要なことに思われる。この点について、由井薗も次のように述べている（由井薗 2011: 54）。

「自分たちの問題」を一生懸命考えて、それを超えていくような新たな問いが、教室の中で構築され、より深い、より身近な「自分たちの問題」となっていくような学びを大事にしていきたい。

　子どもの学びを、45分ほどの1授業時間という短いスパンで評価し尽くすことは不可能である。教師や友だちとの日常的な関わりの中で、子どもは少しずつ成長する。A児の学びも、この時間或いはこの単元だけでなく、由井薗の継続的な指導の中で長い時間をかけて深まってきたものである。
　A児は、本時の話し合いには参加しなかった。しかし、単元の終わりに、次のようにノートに記している。話し合いで十分に発言できなくとも、このような豊かな学びは成立するのである（由井薗 2011: 55–56）。

　（前略）水俣病は確かに一種の公害病。でも、患者や家族やそのまわりの人、そしてある意味C社で働く人の心を傷つける心の病気なのかもしれない。だから私は、公害病はあってはならないと思う。公害病はただの病気ではない。人間が人間を苦しめ傷つける病気。そんなものはあってはならないと思う。同じ国の人間が同じ国の人間を苦しめる。まるで戦争みたい。私はそんなことが起きるのは許せないし、そんなことは普通に起きる未来にしたくない。絶対に。だから、こんな悲しいことが同じ世界で起きているんだと伝えようとする写真家の方達や語り部の方達をすごくそんけいしているし、私もそういう人間になりたい。
　じゃあ、私が大人になった時に何ができるのだろう？せめて、題名にある様に「水俣が語りかけるもの」を感じ続け、受けついでいくことではないだろうか？私はそのいうこと全てが「水俣が語りかけるもの」だと思う。

　A児は到底一人では、ここまで学びを深めることはできなかったはずである。話し合いを通じた友だちとの学び、それがあって初めてA児はこの段階にまで到達することができた。話し合いを通じての協同的な学びが、A児の成長を支えていることは、一連のノート記録からも明らかであろう。

3.4 成長する教師

　話し合いの授業は、教師の力量形成にも大きな影響を及ぼす。話し合いのない一方通行の講義式の授業や、正確な子ども理解に基づかない形ばかりの話し合いの授業であれば、教師の力量形成に言及する意味はない。そこでは、子どもの成長に加え、教師の成長もまた閉ざされてしまうからである。しかし、話し合いを通して成長する子どもの背後には、必ず成長する教師が存在するものである。由井薗は、その典型といえる。

　由井薗は、ノート指導を徹底させ、子ども理解に努める。ノート指導はまた、問題解決学習と話し合いを重視する教師が一様に大切にする、学習指導法の一つでもある(有田・霜田 1973)。具体的に由井薗は、毎授業後に子どもにノートを提出させ、子ども一人ひとりの意見の変化を丁寧に観察する。そして、場合によっては、その子どもの意見を自らのノートに書き写すという途方もない作業を継続させている。そうする理由としてまず考えられるのは、そもそも書くという作業が、子どもにとって自らの意見を論理化したり、客観化したりするのに効果的であるからである。また、先の A 児のように、話し合いの中では十分に発言できない子どもも、ノートの中であれば、自らの意見をしっかりと述べることができるからである。そして、話し合いと関わって最も重要なことは、ノートに文字として残された記録の方が、実際の話し合いで生じた発話の記録よりも、より確実に記録として残せるため、教師の子ども理解に大いに役立つからである。

　こうして収集した子ども一人ひとりの意見を、授業の中で的確に絡ませていくことで、由井薗は話し合いの授業を成立させている。この点について、由井薗は次のように述べている(由井薗 2011: 37)。

　一人一人の「見方・考え方」のズレから生まれた「自分たちの問題」について、互いの「見方・考え方」をからませ、揺さぶりあいながら追究していく学習を展開していきたい。

　そして、こうして生まれたのが、先の話し合いである。また、由井薗は、

次のようにも述べる（由井薗 2011: 54）。子どもとともに教師も成長することを自覚できなければ、こういった意見は教師の口から聞かれない。

　学び合う「教室の仲間」、「教師」、そして「教材」そのものが一緒になり、本当にみんなで考えて続けていけるような関係の中で学んでいくということが、「共に学びをつくりあげる力」をはぐくむための「共に」なっていくのだろうと、本時を通して思うのである。

　教師もまた話し合いの中で、子どもと共に考える。例えば、本時では「Fさんは証人になることを引き受けたか」が学習問題であったが、このことについて、由井薗は子ども共に考えている。もちろん、事実は「引き受けた」であり、その事実を由井薗は以前より知っている。しかし、話し合いで大切なことは、意見の内容というよりは、どのような理由の下でそのように考えたのか、つまり根拠を持って自分の意見を述べているか、という点である。
　由井薗の文章を読むと、「共に」という文字が数多く使われていることに気づく。「つながる」や「絡まる」という言葉も同程度に多いが、それらも「共に」と同様の文脈で使用されている。授業とは、そして、話し合いとは、「共に～する」という理念の下で成立する。支援する側である教師もまた、「共に～する」の輪の内側に存するのである。

4. おわりに―社会とつながる学びを成立させる

　かつては、「教育」といえば「学校」を指すのが一般的であった。そして、学校の学びは、学校の中だけで役立つのであり、学校を出たらほとんど役立たないと、多くの人は考えてきた。「高校の数学が社会で役立つことはない」という意見は、それを象徴する意見である。しかし、そんな数学も、実は中心として掲げている学習理論は問題解決学習であり、授業の中では、子どもの話し合いをとても大切にしている。今では、問題を解き、答え合わせをして終わりといった数学の授業をほとんど見かけなくなった。

授業で話し合いを大切にするのは、持続可能な社会の形成に参画できる市民の育成を、学校教育が目標に掲げているからである。教育基本法にも、学校教育法にも、そのことは明確に示されている。話し合いの効果は、話し合いのスキルを向上させることに留まらず、問題解決力や批判的思考力といった能力、他者との協同性や他者に対する寛容性といった資質など、さまざまな能力や資質を向上させることにまで及ぶ。そして、現代を生きるわれわれには、それらの能力や資質が不可欠なものとなっている。もしわれわれがそれらを持てないとするなら、そこで待ち受けるのは民主主義の危機であるにちがいない。

　学校は話し合いの授業を実施して、子どもの中に社会につながる学びを成立させることに努力している。それでは、学校を取り巻く社会の方はどうだろう。「市民参加の話し合い」は日本社会に導入され、社会の至る所で実践されているであろうか。話し合える人材は、学校生活を過ごすたかだか十数年の期間だけで育成することはできない。今ある学校の学びをこれからの社会の学びにつなげ、「市民参加の話し合い」を通じて生涯にわたり成長する人間像を、われわれ日本人の間で共有することが求められている。

　「市民参加の話し合い」は、人間にとって学びの機会でもある。

注

1　以下の箇所からの引用である。「第1章総則／第4指導計画の作成等に当たって配慮すべき事項／2.(1)」。

参考文献

有田和正・霜田一敏(1973)『市や町のしごと―ゴミの学習』国土社
友澤悠季(2014)『「問い」としての公害―環境社会学者・飯島伸子の思索』勁草書房
ドナルドショーン　佐藤学他訳(2001)『専門家の知恵―反省的実践家は行為しながら考える』ゆみる出版
文部科学省(2008)小学校学習指導要領

由井薗健（2011）「水俣が語りかけるもの―「もやい直し」でつなぐ人と人、そして自然」『考える子ども』334: pp. 34–57.
由井薗健（2012）「水俣が語りかけるもの―「もやい直し」でつなぐ人と人、そして自然」『考える子ども』345: pp. 124–144.
由井薗健（2015）「人間の生き方に迫り、「問い続ける力」を育成することで、「社会を考えて創る子どもを育てる」社会科授業をつくる」筑波大学附属小学校社会科教育研究部『筑波発　社会を考えて創る子どもを育てる社会科授業―「知る・わかる」社会科から「考える・創る」社会科へ』東洋館出版社：pp. 19–51.

小学校における話し合い活動の言語計量分析

森　篤嗣

私と話し合いとの関わり

　専門は日本語学、国語教育学、日本語教育学です。この三つをどのような順番で書くのか、いつも迷っています。自分としては日本語という「ことば」に関わる教育と研究が仕事だと思っています。博士論文では、小学校国語科での学校文法と文法教育の考察をしましたが、そのうちに授業内で使われている「ことば」、すなわち授業でのコミュニケーションに興味が移ってきました。特に平成23年度より施行された小学校学習指導要領において、「言語活動の充実」が強調されたことによって、授業で話し合い活動が多く取り組まれるようになったことに何か貢献ができないかというのが目下の興味です。他にも龍谷大学のプロジェクトで関わっているまちづくりの話し合いや、地域日本語ボランティアにおける日本人参加者と外国人参加者の話し合いなど、学校以外での話し合い活動にも興味を持ち、特に量的な側面から研究に取り組んでいます。

要旨

　本章では、話し合い活動を評価するための指標を模索する一つの手がかりとして、大正時代以来、奈良の「学習法」を継承し、戦後「奈良プラン」における「しごと」の実践をおこなっている奈良女子大学附属小学校のクラス全体での話し合い活動の授業記録(4時間分)に対し、言語計量的な手法に基づく分析をおこなう。

　授業記録に基づき、話し合い活動を分析する場合、一般的には質的分析がおこなわれることが多い(例えば、前の唐木先生の章)。話し合い活動の分析は、コミュニケーションの分析であり、その価値を見抜くための丹念な質的分析こそが本質的であると言える。しかし、本章では客観的な指標を探索するため、敢えて言語量分析を試みる。

1. 話し合い活動をどう評価するか

　平成23年度より施行された小学校学習指導要領において、「言語活動の充実」が強調されたことは、小学校教育現場に大きな影響を及ぼしている。しかし、「よい話し合い」とは何かという根幹的な問題が放置されたまま、「学習指導要領に定められたから」、「教科書に話し合いをしようと書いてあるから」という理由だけで、話し合いをさせるという実態も見られる。小学校において授業として話し合い活動をおこなう以上は、「よい話し合い」とは何かということ、すなわち、子どもたちの話し合い活動をどのように評価するのかという研究課題は喫緊かつ不可欠なものである。

　そこで本章では、話し合い活動を評価するための指標を模索する一つの手がかりとして、大正時代以来、奈良の「学習法」を継承し、戦後「奈良プラン」における「しごと」の実践をおこなっている奈良女子大学附属小学校のクラス全体での話し合い活動の授業記録（4時間分）に対し、言語計量的な手法に基づく分析をおこなう。

2. 言語計量分析（量的分析）

　授業記録に基づき、話し合い活動を分析する場合、一般的には質的分析がおこなわれることが多い。奈良女子大学附属小学校の「しごと」実践についても、田中編（1999）において、授業記録に基づいた詳細な質的分析がおこなわれている。

　話し合い活動の分析は、コミュニケーションの分析であり、その価値を見抜くための丹念な質的分析こそが本質的であると言える。しかし、本章では敢えて言語量分析を試みる。具体的には、授業記録における逐語録を形態素解析することによって分析する。日本語は英語などとは異なり、単語が分かち書きされていないために、語を切り分けることが困難であったが、昨今では自然言語処理研究の進捗により、形態素解析という技術により語を切り出し、品詞などの形態論情報を付与して分析が可能となっている。さらに形態

素解析済みのデータを統計的かつ探索的に分析する手法はテキストマイニングと呼ばれている。

本章では、テキストマイニングツール KH Coder2.beta.32f を用いて、堀本三和子学級の「しごと」実践の授業記録（2013年2月及び7月）の各2時間分で計4時間の言語計量分析をおこなう。

3. 調査対象

本稿で調査対象とするのは、奈良女子大学附属小学校の「しごと」実践である。「しごと」実践は、いわゆる「総合的な学習の時間」の原型となるもので、奈良女子大学附属小学校学習研究会編（2003）などにまとめられているように、既に名高い教育実践として知られている。「よい話し合い」の評価基準策定のための評価表現を抽出するためには、できるだけ特徴のある実践をモデルとした方が効率がよい。その意味で、「しごと」実践における話し合い活動は格好のモデルであると言える。

「しごと」実践とは、年間を通した学習者主体の総合プロジェクトである。例えば、調査対象としたクラスの2013年度の「しごと」は、「小麦を植えて、育成・収穫・脱穀・精製を経て、パンなど食品を作るまでの全てのプロセスを子どもたちが話し合って方法を模索し実行する」であった。そして、調査対象の話し合い活動は、このプロセスの中の一つである。なお、実践記録データを収集当時のクラスの人数は38人（男子19人、女子19人）であり、学年は5年生であった。ちなみに、森（2015b）では、同データを用いて、大学生に動画を見せて評価させるという研究をおこなっている。本章とあわせて参照されたい。

4. 教師と児童の発話ターン数と発話語数・発話文字数

奈良女子大学附属小学校では「しごと・けいこ・なかよし」のいずれの学習法においても、児童主体で進められる。まず、このことを言語計量的に証

明しておきたい。「発話ターン」は、ある児童の発言が終わり、次の児童の発言に移った場合に「ターン」が移行したと数える。発話が連続する場合は、話の合間に何かを指示物を指し示すなどの行動により間が空いたときなどでもターンの移行と認めることとする。「発話語数」は、KH Coderにより形態素解析された抽出語数である。

2013年2月（4年生の冬）の「国産割り箸をこれからどうするのか」というテーマの「しごと」実践（以下、「割り箸」実践）が2時間分、2013年7月（5年生の夏）の「採れた小麦の粒を粉にするにはどうしたらいいか」というテーマの「しごと」実践（以下、「小麦粉」実践）も2時間分の計4時間における教師と児童の発話ターン数と発話語数は下記の表の通りである。

表1　教師と児童の発話ターン数と発話語数

	発話ターン数		発話語数	
	教師	児童	教師	児童
「割り箸」	81	263	3,345	7,402
「小麦粉」	110	236	2,806	7,170

　計量的にも教師の発話に対して児童の発話ターン数並びに発話語数が多いことがわかる。「割り箸」実践における教師の発話ターン数の割合は約23％、「小麦粉」実践における発話ターン数の割合は約32％である。森（2013）における話し合い活動ではない一般的な授業（10時間分）の分析では、教師の発話ターン数が約57％を占めていた。この数字と比較してみると、「しごと」実践がいかに児童主体でおこなわれているかが数字の上でも実証できる。「しごと」実践における教師の発話ターン数の割合は、一般的な授業と比較して20から30％も少ない。「しごと」実践における教師の立ち位置がよくわかるデータであると言える。

　また、一般的な授業に比較すると、話し合い活動の場合、教師の発話ターン数だけではなく児童の発話ターン数も少なくなる傾向にある。これは、一般的な授業では一問一答のような単語での応答が繰り返されるのに比べ、児

童の発話ターンの一つ一つが長くなる傾向があるからである。表1のデータを基に、発話ターン数を分母、発話語数を分子として集計し直すと表2の通りとなる。

表2　教師と児童の1ターンごとの平均発話語数

	発話語数／発話ターン数	
	教師	児童
「割り箸」	41.30	28.14
「小麦粉」	25.51	30.38

　表2の数値を見てみると、特に「割り箸」実践では、教師の1ターンごとの平均発話語数が大きくなっている。「しごと」実践では、児童の話し合い活動の途中では、コメントや整理の発言など、それほど長い発話が挟まれることなく進行するが、導入部分とまとめ部分には「先生のお話」があり、これが1ターンごとの平均発話語数を引き上げている。「しごと」実践の特徴の一つと言える。

　さらに、児童の1ターンごとの平均発話語数を見てみると、「割り箸」実践、「小麦粉」実践ともに30語前後となっている。この30語という長さを理解するために、本データにおける文字数と語数の関係を表3として示す。

表3　教師と児童の発話語数と発話文字数の関係

	発話語数		発話文字数		文字数／語数	
	教師	児童	教師	児童	教師	児童
「割り箸」	3,345	7,402	5,549	12,308	1.66	1.66
「小麦粉」	2,806	7,170	4,644	11,795	1.66	1.65

　表3の通り、発話文字数を分子、発話語数を分母にしたときの値は非常に安定しており、約1.66となっている。すなわち、児童の1ターンごとの平均発話語数30語というのは、文字数にした場合、約49.8文字というこ

とになる。この数値はあくまで平均値であり、実際には「はい」などの短い応答も含めての数値であるため、1ターンごとの平均発話語数が約50文字というのは、相当に長い発話がおこなわれていると言える。例えば、(1)の児童の発話ターンは33語で56文字である。

(1) 私の本には小麦をやっぱりちょっと汚れを取るためとかに、水洗いして2、3日陰干ししとかないとだめと書いてあります。
（「小麦粉」実践）

(1)の発話ターン56文字は、「小麦粉」実践における児童の236発話ターンのうち、短い方から数えて160番目であり、真ん中より少し後ろという程度である。最小値は3文字、最大値は288文字であった。平均文字数は50.04文字であるが、中央値は28文字であり、いかに短いターンが平均文字数を引き下げているかがわかる。

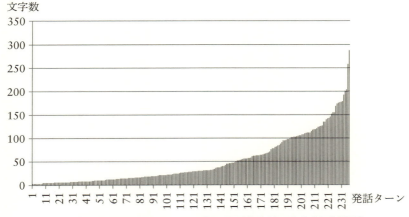

図1 「小麦粉」実践における児童の発話文字数の分布（文字数順）

また、図2のように「小麦粉」実践における発話文字数を時系列順に示すと、話し合い活動の盛り上がりを見て取ることができる。盛り上がりを判断する上で重要なのは、実際の発話そのものであることは言うまでもない

が、その前段階として、発話文字数の時系列分布という言語計量分析によって見えてくるものもあるだろう。

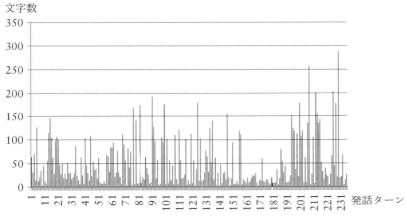

図2　「小麦粉」実践における児童の発話文字数の分布（時系列順）

　このように、小学校における話し合い活動の発話ターン数、発話語数、発話文字数の概略を説明してきた。こうした発話量の分析は、学校教育学だけではなく、その他のコミュニケーション学ないし言語学、言語教育学の分野でも、話し合い活動の分析における外形的な指標に過ぎないとされ、重視されてこなかったと言える。

　一方で、実験社会心理学における小川（2003b）では、初対面場面における二者間会話において当該の会話者は「応答量均衡していると相手を活動的であると判断したり、質問時間が均衡していると相手に親しみを感じたり、応答時間が均衡している会話に好印象を抱くということが効果として確認された」という実験結果からの指摘がある。同じく初対面二者間会話による小川（2003a）でも、会話を第三者の立場で観察する観察者は「「応答」量や「総発言量」が均衡している会話に対して良い印象を抱くことが示された」という指摘がある。初対面二者間会話の実験結果を、小学校における集団での話し合い活動に拙速に適用することは適切ではないが、小学校における話し合い活動の発話量の考察するにあたり、こうした先行研究が存在することを紹

介しておきたい。

5. 司会の役割

「しごと」実践のような児童主体の話し合い活動を実現するためには、学習を進める司会の存在が大きい。「割り箸」実践では、司会の発話ターン数は263ターンのうち75ターン、「小麦粉」実践では236ターンのうち26ターンであった。

ただし、司会の役割は単純にターン数だけで測ることはできない。「割り箸」実践では、75ターンある司会の発話のうち、14ターンが「静かにしてください」であった。一方で「小麦粉」実践では「静かにしてください」は一つもなかった。話し合い活動の盛り上がりなど、クラスの状況に応じて、司会の役割は変わることがわかる。

表4 司会の発話ターン数と「〜てください」

	司会発話ターン数	「〜てください」
「割り箸」	75/263(28.5％)	33/75(44.0％)
「小麦粉」	26/236(11.0％)	10/26(38.5％)

奈良女子大学文学部附属小学校学習研究会編(2003:55)によると、学習を進める司会の育成のためには、「進め方の基本形を作る」ことが必要であるとされている。そこで、ここでは基本形の一つとして指図を表す「〜て(で)ください」という文末形式を含む発話ターンに注目してみることとする。先に挙げた「静かにしてください」も含み、「割り箸」実践では33ターン(約44％)、「静かにしてください」がなかった「小麦粉」実践でも、「〜てください」は10ターン(約38％)あり、割合は近くなった。

それでは、「〜てください」が実際、どのように使われているのか質的に見てみたい。まず、「静かにしてください」が14ターンあった「割り箸」実践では、「〜てください」も話し合い活動を円滑に進めるためのコント

ロールに使われていた。

（２）　手をあげて発言してください。　　　　　　　（「割り箸」実践）
（３）　静かに手をあげてる人に当ててください。　　（「割り箸」実践）
（４）　みんな座ってください。　　　　　　　　　　（「割り箸」実践）
（５）　手をあげないで喋らないでください。　　　　（「割り箸」実践）
（６）　○○さんの話を聞いてください。　　　　　　（「割り箸」実践）

　一方で、「小麦粉」実践では、そもそもの司会の発話ターン数が少なく、その影響で「〜てください」も少ない。指図はしているのであるが、最低限の行動指示にとどまっている印象である。

（７）　ちょっといいですか。同じ人ばかり当てないようにしてください。
　　　　　　　　　　　　　　　　　　　　　　　　　（「小麦粉」実践）
（８）　ノートは後ろに回してください。　　　　　　（「小麦粉」実践）
（９）　あったら言ってください。では目当てを言ってください。○○さん。
　　　　　　　　　　　　　　　　　　　　　　　　　（「小麦粉」実践）

　実は「割り箸」実践は、奈良女子大学附属小学校の公開研究授業の当日であり、多くの参観者がいた状況での話し合い活動であった。その影響があったのか、非常にテンションが高く、司会が「〜てください」を連発して、話し合い活動のコントロールをしなければならない状況であったと言える。一方で、「小麦粉」実践については、筆者が単独で参観をしている状況であったため、落ち着いた話し合い活動という印象であった。

　こうした話し合い活動におけるクラスの状況という数値で表しにくいものを、司会発話ターン数や「〜てください」の頻度のような明瞭な尺度によって表すことができる可能性を示唆した。話し合い活動における司会の果たしている役割を考えるために、目安となる指標と言えよう。

6. 「おたずね」と応答

　奈良女子大学附属小学校の話し合い活動では「おたずね」という言葉がよく使われる。「質問」ではなく、敢えて「おたずね」と呼ぶことに、話し合い活動を促進する願いと狙いが込められていると言えよう。

　今回の 4 時間分の「しごと」実践において、「おたずね」の出現は 20 回（「割り箸」11 回、「小麦粉」9 回）であり、このうち 17 回が児童の発話に含まれていた。「おたずね」の相手は、特定の児童を指名する場合が半数以上であったが、「私はかき氷でやると言う人」や、「今まで全ての意見を言ってきた人」など、個人の指名ではなく、ある意見を持つ集団に対する「おたずね」が出現している点が興味深い。ペアや班単位を超えたクラス全体での話し合い活動に必要な「おたずね」であると言える。

　そして、「おたずね」に対する応答は多様である。「おたずね」と応答が一対一で対応するわけではなく、一つの「おたずね」がきっかけとなり、連鎖反応のように多くの応答を生むからである。したがって、文字化記録における「おたずね」に対する応答を、どの発話ターンであるかを特定するのは非常に困難である。そこで、ここでは応答に良く用いられる「思う」という動詞に焦点を当て、「思う」がどのように使われているかを量的に見ることで、「おたずね」に対する応答に限らず、児童がどのように意見を述べているかを計量的に分析してみることとする。

　「思う」は一般的に頻度の高い動詞で、とりわけ話し合い活動において意見を述べる場合によく使われる。「割り箸」と「小麦粉」の計 4 時間の話し合いにおいても、「思う」は KH Coder で扱う実質語（名詞、動詞、形容詞など）の中でもっとも頻度が高く、193 回出現していた。さらに、活用形による出現内訳は「思い（ます）」が 127 回、「思う」が 51 回、「思っ（て／た）」が 15 回であった。

　まずは「思い（ます）」から見てみよう。ほぼ全てが「と思います」の形で用いられており、39 件は「すればいいと思います」などの「いいと思います」という形で出現している。否定の「ないと思います」も 27 件出現して

おり、自身の意見を肯定と否定の両側面から述べていることがわかる。一部を下記に示す。

（10）　詳しいことは分からないけれど、たぶんどのごはんでも食べられると思います。　　　　　　　　　　　　　　　　　　　　　（「割り箸」実践）
（11）　ビニールより、袋は袋なんだけどもうちょっと強いやつを、ビニールシート、布、布は違うけど、そういう感じのやつを使った方がいいと思います。　　　　　　　　　　　　　　　　　　　　　　　　（「小麦粉」実践）
（12）　右肩上がりっていうのは良くなっていくという意味で右肩上がりだから、わざわざ悪くなるような箸は作らないと思います。
　　　　　　　　　　　　　　　　　　　　　　　　　　　　　　　　（「割り箸」実践）
（13）　小麦を中に入れて蓋をするんだから危なくはないと思います。
　　　　　　　　　　　　　　　　　　　　　　　　　　　　　　　　（「小麦粉」実践）

　「おたずね」の本質は一対一のやりとりではなく、「みんなはどう思いますか」のように、学習集団全体を巻き込む点にある。「おたずね」に対する直接の応答でも、付け足しの応答でも、連鎖反応としての応答でも、自身の意見を明確な形で述べるからこそ、話し合い活動は連鎖し、深まっていく。計4時間で児童の499発話ターンのうち、およそ4分の1にあたる127回もの「思います」が激しい連鎖反応を物語っている。
　次に「思う」である。これもほぼ全てが「と思う」の形で出現している。しかし、「と思う。」のように文末の言い切りはわずか8件に過ぎず、ほかには「思う人」のような連体修飾が4件あるが、多くは「思うので」や「思うんですけど」のような接続助詞を伴うものである。

（14）　国産の値段を下げたら割り箸を経営する工場とかが次々壊れていくと思うんですけど、どうですか。　　　　　　　　　　　（「割り箸」実践）
（15）　たぶん、もちろん穫り入れたばっかりのときだったら水分があるし、バナナジュースっていうかバナナっていうか水分があるし、そういう

のだったら液体とかどろどろとかになると思うんですけど、2 週間乾かしてるので大丈夫。　　　　　　　　　　　　（「小麦粉」実践）

　これらは、「と思います」と自身の意見を述べるだけではなく、(14)の「〜と思うんですけど、どうですか」のように、相手や学級集団に意見を求めたり、(15)の「どろどろとかになると思うんですけど、2週間乾かしてるので大丈夫」のように、自身の意見の補強を述べたりするために用いられる。
　最後に「思っ（て／た）」を取り上げる。使われ方は多様で、「と思っています」のようにテイル形での言い切りや、「ハンマーって聞いて思ったんだけど」のように、何かを思い出したときにも用いられる。出現数も 15 件と少なく、まとまった特徴は見いだせなかった。
　このように、「思う」という動詞だけを抽出してみても、発話ターン数との比較から、話し合い活動における意見交換の活発さを測る指標になり得ることがわかった。また、「と思います」という発話の型は重要ではあるが、それだけにとどまらず、「思うので」や「思うんですけど」などのように、理由や根拠を補強するような表現も、話し合い活動の中で有効に使えるように指導する必要があることも示唆された。

7.　対応分析

　次に小学校の話し合い活動における「割り箸」実践と「小麦粉」という話題の違い、教師と児童という立場の違いという特性を把握するために、主要な使用語の粗頻度に基づく対応分析をおこなった。
　文書と見なす単位は段落（ターン）とし、最小出現数15、最小文書数 1、使用語として「名詞、サ変名詞、形容動詞、副詞可能、動詞、形容詞、副詞」を指定するという条件で、51 語が分析の対象となった。樋口 (2012:52) によると、「対応分析では、分析に用いるデータ表として「抽出語×文書」を選択した場合、集計単位の選択が重要になる。と言うのも、仮に語と語の

出現パターンが似通っているかどうかを分析する場合、「それらの語が同じ「文書」中によく出現しているかどうか」という情報が、分析の基礎となるからである」とある。したがって、本章では、1発話ターンにあたる段落を重要な単位として文書と見なすこととした。

その結果、成分1の寄与率が67.74％、成分2の寄与率が21.11％と、成分1の寄与率が高く、成分2の寄与率を大きく引き離す結果となった。

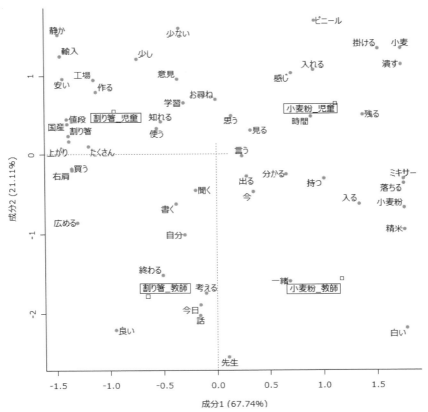

図3　主要な使用語の粗頻度に基づく対応分析

図3を見てみると、成分1の軸では原点よりも左に「割り箸_児童」と「割り箸_教師」、そして原点よりも右に「小麦粉_児童」と「小麦粉_教

師」がプロットされていることから、「話題」によって位置づけられていると解釈できる。「小麦粉」と「割り箸」はそれぞれ縦位置では並んでおり、なおかつ成分1の寄与率は67.74％と高いことから、小学校における話し合い活動における主要な使用語は、「話題」に強く影響されるということになる。話し合い活動の使用語が「話題」による影響を強く受けるというのは、ごく当たり前のことではあるが、計量的にもそのことを確認できるという点、そして、本章では、この二つの話題が「離れている」ことが確認されたに過ぎないが、多くの話題に基づく話し合い活動のデータがあれば、使用語の粗頻度から、「話題」の距離を言語計量的に測定可能であることを示唆したという点では、意義があると考えられる。

次に、成分2では「割り箸_児童」と「小麦粉_児童」が原点よりも上に位置づけられ、「割り箸_教師」と「小麦粉_教師」が原点よりも下に位置づけられている。縦軸では「児童」同士と、「教師」同士はほぼ水平に並んでいることから、成分2は「児童らしさ（教師らしさ）」と解釈される。図3ではかなりはっきりと「児童」と「教師」の差異を見ることができるが、成分2は21.11％と寄与率が低いことから、安定性はそれほど高くない可能性があり、他のデータでも再検証の必要がある。とはいえ、本データにおいては、使用語の粗頻度から、児童の発話データなのか、教師の発話データなのかは区別が可能であるということになり、それは児童ないし教師の発話特徴は使用語の頻度に反映されうるということを示唆していると言える。

成分1と成分2の傾向を併せて解釈すると、話し合い活動における主要な使用語の粗頻度から、「話題」と「児童らしさ（教師らしさ）」という2要因を見出すことが可能であるということになる。使用語の粗頻度の言語計量的分析という主観を排除した分析でも、小学校における話し合い活動の発話特徴を推定できる可能性を示せたのではないだろうか。

8. まとめ―言語計量分析で何を目指すか

本章では、堀本三和子学級の「しごと」実践の授業記録計4時間を対象

に、テキストマイニングツール KHCoder を用いて言語計量分析をおこなった。先にも述べたように、授業における話し合い活動の分析では、丹念な質的分析こそが本質的であると考えており、質的分析を否定したり、言語計量分析が質的分析に代わるものであると主張したりするわけではない。しかし、本章では敢えて話し合い活動に現れる言葉の量的分析を試みた。なぜこのような分析方法を模索する必要があるかと言えば、それは質的分析の補助となる指標を探索したいという思いがあるからである。

　授業における話し合い活動の分析を何のためにおこなうのかを考えたとき、大きく二つの目的があると思われる。一つ目は「よりよい話し合い活動」へと導くための授業者へのフィードバックであり、二つ目は「よりよい話し合い活動」を実現する教育技術や教育方法の第三者への開示である。

　授業者へのフィードバックについては、即時性が重要であるため、基本的には質的分析になることが多いであろうし、同じ空間で授業を共有しているからこそ、わかり合える部分も多い。一方で、教育技術や教育方法の第三者への開示の場合は、報告書や論文、書籍など同じ空間を共有していない人へ伝えなければならないため、授業者や分析者の思いが伝わりにくい側面が否めない。このとき、授業における話し合い活動の分析に共通して使うことができる量的な指標を開発できれば、伝えられることが増えるのではないかという期待がある。

　例えば、スポーツの感動を伝えることは実際に見ることが一番であるが、他にも実況や解説、または事後の新聞・雑誌記事やテレビ報道などでも伝えられる。事後に伝えようとするとき、主観だけで伝える方法もあるが、チームの得点率や失点率、個人の過去の最高記録など、あらゆる指標が補助として使われるのと同じである。

　奈良女子大学附属小学校の学習法や「しごと」実践は、「総合的な学習の時間」の原点であるとも言われており、話し合い活動を軸に据えた名高い教育実践として既に知られているところである。この話し合い活動における優れた教育技術や教育方法をできるだけ多くの教師に伝わりやすい形で届けることができればと願わずにいられない。もちろん、優れた教育技術や教育方

法は、奈良女子大学附属小学校だけではなく、全国の小学校や教師も持っている。できるだけ多くの実践現場を尋ね、多くの学びを得たいと考えているが時間的な制約もあるのが現実である。ただ、教育技術や教育方法を言語計量的に指標として抽出するためには、できるだけ特徴のある実践をモデルとした方が探索効率がよい。その意味で、本章で取り上げた奈良女子大学附属小学校の「しごと」実践は格好のモデルであると言える。

　全国の小学校教師が教育技術や教育方法を共有し、相互補完できるようにするために、「よい話し合い活動」とは何か、そして、「よりよい話し合い活動」へと導くことができるような言語計量分析による指標の開発を試みていきたい。

参考文献
小川一美(2003a)「二者間発話量の均衡が会話者が抱く相手と会話に対する印象に及ぼす効果」『電子情報通信学会技術研究報告．HCS、ヒューマンコミュニケーション基礎』103(410)：pp. 37–42．一般社団法人電子情報通信学会
小川一美(2003b)「二者間発話量の均衡が観察者が抱く会話者と会話に対する印象に及ぼす効果」『実験社会心理学研究』43(1)：pp. 63–74．日本グループ・ダイナミックス学会
田中耕治編著(1999)『「総合学習」の可能性を問う―奈良女子大学文学部附属小学校の「しごと」実践に学ぶ』ミネルヴァ書房
奈良女子大学文学部附属小学校学習研究会編(2003)『「学習力」を育てる秘訣―学びの基礎・基本』明治図書
樋口耕一(2012)「KH Coder 2.x リファレンスマニュアル」(KHCoder2.beta.32f に同梱)
樋口耕一(2014)『社会調査のための計量テキスト分析―内容分析の継承と発展を目指して』ナカニシヤ出版
森篤嗣(2013)「言い切り文による命令と禁止―小学校授業場面における学習言語の文法的側面」『日本語文法』13(2)：pp. 155–163．日本語文法学会
森篤嗣(2015a)「「しごと」実践における話し合い活動の言語計量分析」『学習研究』475：pp. 30–35．奈良女子大学附属小学校学習研究会
森篤嗣(2015b)「小学生の話し合い活動に対する評価基準策定のための評価表現の帰納的探索」宇佐美洋編『「評価」を持って街に出よう―「教えたこと・学んだことの評価」という発想を超えて』pp. 240–254．くろしお出版

付記

　本章は拙稿「「しごと」実践における話し合い活動の言語計量分析」(『学習研究』475、奈良女子大学附属小学校学習研究会、pp. 30–35) を基に、大幅な加筆・修正をおこなったものである。

　本章における分析には、樋口耕一氏による KH Coder2.beta.32f を使用させていただいた。記して感謝申し上げたい。また、本章の研究は平成 24 ～ 26 年度帝塚山学園学術・教育研究助成金の助成を受けて実施したものである。最後に、研究データの取得をご許可くださった奈良女子大学附属小学校及び堀本三和子教諭に深く感謝申し上げたい。

社会包摂型まちづくりにおける話し合い
―偏見克服のデモンストレーション

井関崇博

私と話し合いとの関わり

　筆者が大学院生だった1990年代後半、日本では開発か保全かというような、地域を二分する社会問題に関する話し合いが各所で開かれていました。これは、冷戦終結後の社会の転換期においてそれまで表面化することのなかった多くの人々の疑問や不満が一気に顕在化し、大きな社会対立に発展し、主要な関係者間での話し合いを行わなければ前にも後ろにも進めないような膠着状況が生まれていたからでした。そこで目指されていたのは、膠着を何とか乗り越え、一歩でも前に進むための合意形成でした。

　筆者はこのような話し合いとそこでのさまざまな仕組み、考え方に関心をもち、研究してきました。その中で話し合いという営みの奥深さを理解し、話し合いに託されるのは合意形成だけではないことを知り、その多様な期待に応えるべく話し合いのあり方を探求してきました。見えてきたのは、社会の変化とともに求められる話し合いの形が変わってくるということ。ならば、話し合いの形を変えれば社会を変えられるのではないか、そのような期待をこめて研究を続けています。

要旨

　本章では困窮者をまち全体で支援し、包摂していくことをめざす社会包摂型のまちづくりの初動局面において、どのような話し合いが有効か、また、そこで考えていくべき論点は何かを提示した。包摂型まちづくりでは、困窮者の実態を広く共有することが難しいことから、関係者の間で偏見が生じやすく、これがまちづくりの展開を阻害することが多い。この偏見を解き、新しい関係を構築するような話し合いのあり方はどのようなものか検討した。A地区の事例から、問題のキーパーソンに集まってもらい、社会の偏見を克服するような話し合いを展開させることが、関係者間の新たな関係を築くきっかけとなりうることを示した。

1. はじめに

　本章はまちづくりの分野における話し合いのあり方を検討するものである。まちづくりといっても多様である。その課題や状況、条件は地域によっても、時代によっても変化する。話し合いはそれに応じたあり方があるはずである。本章では困窮者をまち全体で支援し、包摂していくことをめざす社会包摂型のまちづくりにおいて、どのような話し合いが有効か、また、そこで考えていくべき論点は何かを提示する。

2. まちづくりと話し合い

2.1 まちづくりのタイプと話し合いの形

　まちづくりにはさまざまな定義があるが、ここでは「身近な生活環境としてのまちをよりよいものにしていくための営み」と広義にとらえることとする。この意味でのまちづくりは大きく三つに分けることができる。

　第一が、住民の基礎的かつ広範な生活ニーズを満たすためのインフラ整備と環境保全である。これは公益増進型まちづくりと呼べるが、上下水道整備から市街地整備、鉄道整備、道路整備等があり、また、90年代以降はそのバリエーションの中に環境保全施策が加わった。ほとんどすべての住民に関わる公益性の高い事業で、いわゆるナショナルミニマムを満たすものといえる。

　それゆえにこの種のまちづくりは行政主導で行われることが一般的である。なお、まちづくりの要件として住民の主体性を重視する観点からは、これはまちづくりとは言えないだろうが、一般の人々の間ではこれもまちづくりととらえられることが多い。

　このタイプのまちづくりにおける話し合いについては、市民委員会、円卓会議、政策・計画段階からの参加、アカウンタビリティ、意味ある応答といった手法や概念が創出されてきた（寄本1989、原科2005、吉田2007等）。また、近年では、討議民主主義の考え方に則った手法として、プラヌ

ングスツェレ、討議型世論調査等が研究され、日本でも少数ではあるが、実践もされるようになっている(篠藤・吉田・小針2009、フィシュキン2011、篠原編2012)。

　第二が、80年代以降、各地で盛んになった、より付加価値の高い生活環境を、住民が主体性と対話、協働を通して実現し、まちへの愛着と誇りを深めていく営みとしてのまちづくりである。参加型の公園づくり、景観まちづくり、歴史的町並み保全、地域観光振興、中心市街地の賑わいづくり等が挙げられる。これは豊かさ追求型のまちづくりといえよう。関連分野の中では、行政主導の都市計画や地域開発と差別化するという狙いから、住民主導、住民参加型のこのタイプのものをまちづくりと呼ぶことが多い。

　ここでは行政の関わりはもちろん不可欠であるが、相対的に地域住民の役割が大きくなる。なぜなら、このタイプのまちづくりでは、地区ごとにまちの特性や資源が異なるし、それゆえに目指す目標も異なり、また、時々の状況に応じて柔軟に進める必要があるからである。このような営みである場合、住民が主体的に参加し、時にはマネジメントしていくことが求められる。

　このタイプのまちづくりにおける話し合いについては膨大な蓄積がある。漸進的なプロセスの中で話し合いを積み重ねていくこと、そのための手法についての研究が深められてきた(渡辺1999、佐藤・早田編2005、木下2007、西村編2007)。特に手法としてのプロセスデザイン、ワークショップ、ファシリテーション等の研究が多く行われた。これらはいずれも汎用性の高い手法ではあるが、多くの研究ではこのタイプのまちづくりの文脈、すなわち、無関心な住民にいかにまちに関心を持ってもらうか、希薄になっていた住民間の関係性をいかに結びなおすか、より美しく、住みやすいまちをつくるための活動をどう設計するかといった課題の中で、これらを活用する方法が言及されてきた。

　第三が、2000年代後半からその必要性が高まっている、まちの困窮者を支援し、まちの活力にしていくことを目指すまちづくりである。これは前二者と比較して表現するならば、社会包摂型まちづくりといえる。困窮者の例

としては、障がい者、貧困者、失業者、高齢者、特に独居老人、外国人等が挙げられる。従来、福祉行政が対象としてきた人々であるが、新自由主義的な政策が進み、雇用が不安定化する一方で、社会の側も流動化、個人化が進み、行政からも家族からも十分な支援が受けられない人が急増している。これに対して、行政だけでなく地域の諸主体が困窮者の居場所と活躍の機会を創出していくことで問題解決を目指す試みが生まれ始めたのである（園田・西村編 2008、橋詰 2010、西山 2011、全 2015）。これは言い換えれば、誰にとっても住みやすい生活環境をつくっていく営みであり、まちづくりの一つのタイプとして位置づけることができるだろう。

社会包摂型まちづくりが求められるのは、困窮者を支援する行政の資源や専門家の数が限られているからという理由もあるが、それだけではない。困窮者にとって最も望ましいのは、福祉や専門家の支援を受け続けることではなく、社会の中で自らの居場所を得て、他者と関わり、少しずつ困窮の度合いを低めながら、最終的には社会の一員として何らかの役割を担いながら、自らに対する誇りを回復していくことだからである。そのためには地域の排他性こそ変えなければならない。これが困窮者問題をまちづくりとして取り組まなければならない真の理由である。

では、このタイプのまちづくりを進める上でどのような話し合いが有効か。これが本章の課題である。

2.2　社会包摂型まちづくりの難しさ

豊かさ追求型のまちづくりと同様に、社会包摂型まちづくりもムーブメントとしての性格を持つと考えられる（西村編 2007）。圧倒的な無関心の中で、ごく一部の人たちが問題に気づき、勇気ある、あるいは何気ない新しい行動が共感をよび、さまざまな話し合いを通して信頼関係が築かれ、具体的な実践を通してその輪が広がっていく。そのような展開を進めていく点は社会包摂型のまちづくりも同じであろう。

しかし、社会包摂型のまちづくりには特有の難しさもあるように思われる。第一に、問題自体が正確に認識されにくいという点が挙げられる。日本

では途上国で見られるようなスラム街はあまり見られない。ゆえに貧困者がどこにいるのか把握しづらい。最近は、身なりや言動だけでは貧困にあるかどうかわからないことが多い。独居老人の場合も同様に見えにくくなる。生活習慣の違いや転居等で近隣関係が形成されていないとそもそも接点がない。また、問題解決のためとはいえ、その存在や内容を多くの人に詳しく知ってもらうことは、プライバシー侵害や差別を助長する可能性があり難しい。そうすると問題がさらに沈潜化し、イメージだけが流布してしまうのである。

　第二に、問題が非常にデリケートで、それに関わるにあたっては相応の専門知識と能力、姿勢、人間性を備えていなければならないという点である。困窮者は特に信頼している相手にしか心を開かない傾向があり、そのためには長期にわたる関わりも必要である。豊かさ追求型のまちづくりでは多様な人々の関与が望まれる。子どもを含めて、多くの人に気軽に関わってもらうことが重要である。しかし、社会包摂型の場合はこのような多様性や気軽さがリスクとなる。もちろん、この問題をまちづくりとして進めるためには、専門家だけでなく、一般の人が気軽にこの問題に関われるようにしなければならないのではあるが、現在のところ、それが許されるような関わり方が開発されていないのである。

　第三に、上記の二点に関連するが、困窮を解消すべきという絶対的な正論がある一方で、困窮の実態やその原因についての認識の共有が困難であるために、関係者の間で推測や固定観念が入り込み、偏見が蔓延してしまうという点である。生活保護世帯に対して怠け者、無能力者、国からお金をもらっている人たち、といった冷ややかな見方があるように、困窮者に対するステレオタイプな偏見が存在する。また、その支援者に対しても、困窮が解決されないことを理由に、いい加減な仕事をしている、能力がない、といった批判が浴びせられることがある。これも偏見である。このような偏見に直面すると、当事者は地域社会の諸主体に対して逆の偏見を持つようになる。他人は分かってくれない、住民はクレーマーばかり、批判するだけで協力してくれない口先だけの人たち、といった認識が形成され、過剰に防衛的になって

しまう。ちょっとした言葉づかいに敏感に反応してしまう。しかし、そうなると潜在的な協力者を遠ざけることになってしまう。こうして、互いの偏見から相互不信が醸成され、問題の解決をより困難にする。このような相互偏見は、まちづくりを進める上で最も障害となるものである。

　以上のような難しさを克服して、いかにして社会包摂型のまちづくりを進めていくべきか、また、そこでの話し合いはどうあるべきなのか。ここではまちづくりのきっかけをつくる初動局面に焦点をあてて、そこでの話し合いのあり方を考えたい。以下では、話し合いを通して関係者の偏見を克服して、まちづくりのきっかけをつくった事例を紹介し、そこで重要となる論点を提示することとしたい。

3. 事例―A地区における中学生支援のための話し合いイベント

3.1 背景ときっかけ

　A地区はある地方都市内の行政区（人口13万人）の一地区である。その中に市の青少年活動センター（以下、センター）がある。青少年の福祉や健全育成、自主的な活動の促進を目的とした施設で、指定管理者として公益財団法人が管理運営している。

　センターは青少年が日常的に集まるスペースを提供しているほか、地域清掃活動への参加、地蔵盆への若者派遣、センター主催の青少年による活動報告会等を行っている。さらに、近年では、青少年の貧困問題にも対応しようと、同地区で活動するNPO法人（以下、NPO）と連携して、生活保護受給世帯の中学生に対する学習会も実施している。

　2010年頃から、センターの所長は最近の傾向として家庭の事情等で困難な状況にある青少年、特に中学生が増えてきていることを感じていた。しかし、それに対して地域のどの団体もしっかりと向き合えておらず、問題が放置されているという問題意識を持っており、何か新しい取り組みが必要ではないかと考えていた。そこで、知り合いであった大学の教員に相談を持ちか

けた。その教員は、以前より地域づくりの話し合いについて共同研究を進めており、それまでの知見を踏まえつつ、より実践的な研究に取り組むために、共同研究チーム全体として本地区に関わることとした。そして、センター所長と職員、前述のNPO代表も含めた、計10名のプロジェクトチーム（以下、PT）を立ち上げた。2012年夏のことである。なお、筆者はこのメンバーの一人である。

　PTではA地区における中学生の困難状況やその原因、また、対策のあり方や進め方等について議論した。その結果、以下のような点が明らかになってきた。
・　貧困や発達障害等が原因で困難を抱える中学生は確かに存在する。
・　極端に深刻な場合は福祉行政が介入するが、そうでない場合、対策が取られず、問題が放置され、深刻化することが多い。
・　この問題は非常にプライバシーに関わる問題であり、協力者を集めるために情報をオープンにすることは難しい。
・　学校の教員は授業やクラブ活動での生徒の指導だけでなく、保護者対応や地域での関係づくり等、さまざまな役割を担わされており、過重負担となっている。
・　学校の教員は保護者や地域からさまざまな批判を受けており、これ以上の批判を受けないように情報を隠そうとする傾向がある。
・　地域には何らかの形でそれに関わろうとする人はいるはずで、それをいかに巻き込むかが課題である。

　そこでPTでは地域の関係者がこの問題をどのようにとらえられているか、また、この問題に関係者がどのように関わることができるかを把握するためにインタビュー調査を行うこととした。インタビューはそれまでに行ったイベントの参加者や、この問題に関心と関わりを持っていそうな人を10名選定し、PTメンバーが分担して実施した。

　インタビューの回答から次のような実態と意向が浮かび上がってきた。
1)　中学生が抱える問題の噂はよく聞くが、地域の人たちは中学生と直接関わりあう機会がほとんどないので、その実態を認識できていない。

2) 実態が共有できていないがゆえに、その原因についても思い込みや推測が入り込み、学校に責任がある、家庭の問題だ、教員の能力が低い、といった批判の連鎖がおきている。
3) このような問題について話し合うオフィシャルな場として、中学校と地域の関係者が集う連絡会があるにもかかわらず、情報共有の場としてしか機能しておらず、この問題が主要な議題になったことはほとんどない。
4) 問題を抱える中学生は全体からすればごく一部であるが、その原因は経済状況や都市構造、家庭の問題、学校の問題など根深く、解決が難しいと捉えている。

以上の調査結果から、中学生が抱える困難をめぐって、その実態についての見えにくさから、関係者間で相互の偏見が生じていることがうかがえる。学校を巡る問題では一般的なことであるが、本事例でもこのような偏見が学校関係者を硬直的にし、また、地域関係者の協力を阻害している状況が存在していたのである。

そこで、PTでは中学生が抱える困難を学校だけでなく、地域の多様な主体が関わる中で解決していくようなアクションをつくっていくことを目標に、そのためのきっかけづくりとして、この偏見を取り除き、新しい関係を構築していくような話し合いの機会を創出することを目指すことになった。

3.2 デザインと事前準備

PTでは話し合いの場をデザインするにあたり、話し合い形式、テーマ設定、パネリスト選定を行った上で、そのパネリストに事前ヒアリングをして、当日プログラムをデザインした。

3.2.1 話し合い形式

これは話し合いの型のことで、重要な利害関係者による委員会形式や自由参加のワールドカフェ形式といったようなものがある。

PTでは、沖縄等で実施されている地域円卓会議方式を参考に、二重円卓

会議という形式を採用した（公益財団法人みらいファンド沖縄 2013）。具体的には、会場の中央に円卓を配置し、そこに当該問題に関わっているキーパーソンにパネリストとして着席してもらい、その周囲にまだ関わりの程度は低いが、関心を持っている人に傍聴者として着席してもらって、話し合いを行うという形式である（図1）。この形式においては、円卓のパネリストの話し合いと、傍聴者を含めた全体での話し合いを織り交ぜる点に特徴がある。PTでは、この形式で話し合いを行うことで当事者のリアルな現実をパネリストと傍聴者が共有することで偏見を取り除き、その上で、新たな関係を形成し、具体的なアクションのきっかけとすることができると考えたのである。

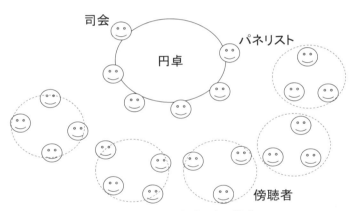

図1　二重円卓会議の空間構成

3.2.2　テーマ設定

　これは話し合いをイベントとして実施する際の方針にあたるもので、これに基づいてパネリストを選定し、参加者を募るための広報を行うことになる。また、その後に続く課題設定や具体的なアクションを方向付けるものである。

　PTでは、本地区の問題の根幹には貧困という問題があると考えていた。しかし、この言葉をそのまま用いると、その深刻さが強調され、参加者が減

少したり、偏ったりする可能性があると考えた。また、具体的なアクションも貧困対策の範疇に入る狭いものになりかねないが、そのような取り組みには限界があると考えていた。

他方で、貧困というテーマを遠ざけて、「中学生のためにできること」といった漠然としたものにすると、本来、参加してほしい支援者を惹きつけることができないのではないかと考えた。また、具体的なアクションについても一般的なものになってしまい、本当に支援を必要としている人のためのものでなくなってしまうと考えられた。

そこで選定したのが「学習支援」というキーワードであった。貧困というテーマを匂わせながらも、それを真正面から扱うわけではない。また、多くの人がイメージでき、具体的なアクションにおいても協力できるかもしれないと思ってもらえるものだからである。

3.2.3 パネリストの選定

このテーマ設定に基づき、パネリストの選定を行った。最終的に、中学校校長（男性）、ケースワーカー（女性）、社会福祉協議会職員（男性）、元PTA役員（女性50代）、学習支援ボランティア（女性20代）、そしてPTメンバーでもあるNPO代表（男性30代）の6名を選出し、参加要請を行った。

中学校校長は困難を抱える中学生の多くが通う中学校の責任者としてこの問題に関わる最重要キーパーソンであった。ケースワーカーは家庭の貧困の問題を扱う行政の専門職で、社会福祉協議会は地域福祉を担う専門組織である。いずれも問題の本質である貧困対策において不可欠の存在である。元PTA役員は、自らも母子家庭で苦労しながら子育てをした経験を持ち、その経験を活かしてさまざまな活動に関わっている。学習支援ボランティアも自身が中学生の頃に支援を受ける側にあった人物で、支援の方法とともに、当事者の実情を語ることができることから選定した。そして、NPO代表は当地区で育ち、現在のNPOに長期にわたってボランティアとして関わっていて、大学卒業後、事務局長をへて代表になった人物で、地域からの信頼も厚く、NPOの立場で新しいアクションの核になりうることから選定した。

3.2.4 事前ヒアリング

次に、PTではこの6名のパネリストに対して事前ヒアリングを行った。これはヒアリングをすることで、PTとパネリストの間で話し合いに関する共通理解を形成することで、話し合いが円滑に進み、より意義のある内容となると考えたからである。具体的には、今回の話し合いの趣旨や目指しているところをパネリストに理解してもらうとともに、PT、特に司会がパネリストの経験や考えを理解し、当日、流れを組み立てやすくするためである。

当初、中学校校長はこの話し合いのイベントに参加することをためらっていた。しかし、PTメンバーによる趣旨説明と説得を受けて参加を承諾することとなった。また、ケースワーカーからも職場との関係から、名前や身分を隠すわけではないが、所属組織を代表するという立場ではなく、経験を有する個人として参加する形にしてほしい旨、要望があり、PTではその意をくんだ対応を行うこととした。

3.2.5 プログラム

以上の3点の話し合いの設定と事前ヒアリングを踏まえ、PTでは以下のような5段階の話し合いのプログラムをデザインした。
① パネリスト紹介
② 話題提供
③ 円卓での話し合い1
④ 会場全体での話し合い
⑤ 円卓での話し合い2

デザインにあたっては、相互の偏見を取り除き、新たな関係を形成するという狙いから、次の3点を特に意識した。第一に、専門家のような第三者的な解説ではなく、各パネリストに困難な実情を生々しく語ってもらうことと、第二に、いきなり前向きな話をするのではなく、それぞれがこの問題に向き合う中で経験してきた苦労を共有し、普段は言うことができない弱音や本音を吐露してもらうこと、第三に、この話し合いの目標を、「NPOに対して私たちはどのような協力ができるか」にしたことである。これは、パネリ

スト全員で何らかのアクションを考えていくことは時期尚早でありながら、次のアクションのことを全く話さないわけにはいかないと考えたからである。

まず、①では、司会がパネリストを順に紹介する。この際には、単にプロフィールを述べるだけでなく、各人がこの問題について話し合う上で重要な人物であることを強調し、メンバーの意欲を高めつつ、会場全体のパネリストへの信頼を高めることとした。②では、NPO代表がこの地区の課題とそこで取り組みたいと思っていること、しかし、それが未だ実現できていない事情を説明してもらうことにした。③では、司会進行の元、それぞれの自己紹介とそれまでの取り組み、困難な実情や苦労を語ってもらうこととした。④では、各パネリストが傍聴者の中に入っていく形で小グループをつくり、円卓での議論の続きとなる深掘りをしたり、その解決のためのアイディア出しをしたりすることとした。⑤では、円卓及び会場全体での話し合いを踏まえて、今後、どのような取り組みの可能性があるか話し合ってもらうこととした。

3.3　実施

2013年9月下旬、同センターの施設にはパネリストを含めて25名が参加し、話し合いが行われた。話し合いは司会進行のもと、プログラムに沿って行われた。以下、②以降の流れを示していく。

まず、②でNPO代表が同地区で実施している貧困世帯の子どもへの支援の内容を紹介した上で、中学生の困難は見えにくいこと、一番困っている生徒に支援が届いていない現状、そして、これまで中心だった北部エリアに加えて南部エリアにも進出していきたいと考えていること、さらに、より困難度の高い中学生への支援が必要であること等が話された。その上でNPOという立場の弱さや予算等の資源の乏しさ、地域、学校の壁を超えることの難しさも合わせて述べられた。

③では、各パネリストからリアルな現実とそれぞれの課題や想いが話された。ケースワーカーからは、この地区では生活保護受給世帯が地理的に集中

しており、子どもの周りにちゃんと働いている大人がほとんどいない場合があり、そうなると勉強どころではなくなってしまうという実情が話された。また、自分はケースワーカーとして関わっているゆえに、世帯主には会って話せても、その子どもと直接話すことができないのでそこがつらいという想いが述べられた。他方、NPO 等による学習支援の取り組みは、学力は上がらないかもしれないが、まともに働いている人と接することができるという意味でとても貴重だという意見が述べられた。

社会福祉協議会の職員からは、貧困世帯向けの支援制度を複数用意し、取り組んでいるが、その制度の存在自体が知られておらず、実際には利用されていないことがあること、また、複数の制度があるにもかかわらず、どの制度にも当てはまらずに支援できないケースが少なくないことなどの課題が述べられ、これを改善するために、関連組織間でネットワークを形成していくことを目指していることが話された。

元 PTA 役員からは、自身も母子家庭であったことが表明され、それゆえに経験した苦労が話された。親は子どものためと思って収入を得ようと仕事に専念しがちであるが、そうすると学校や進学に関する情報が入ってこなくなり、ますます不利になってしまう。また、仕方ないことという前置きをしながらも、教員は平均的な生徒のための対応が主となり、そうでない生徒に対する配慮がおろそかになっているという実情が述べられた。また、小学校までは親も PTA 活動に参加するが、中学校では参加しなくなり、学校の様子がわからなくなる傾向があることが話された。他方で、ボランティアが主催していた親のための学びの場に参加して、とてもためになったという経験が話され、今回、NPO 代表が取り組もうとしていることに賛意が表明された。

学習支援ボランティアからは、現在の支援活動を行う上での難しさが述べられた。生徒が抱える困難の質や程度がそれぞれ異なり、一方の生徒のために良かれとおもってやったことが、他方の生徒にとっては望ましくない結果を生んでしまうことがあり、いつも悩みながら活動を行っていることが話された。

最後に、中学校の校長からは、生徒の状況、学校内の事情が話された。最近の貧困は見えにくく、服は普通だが、ちゃんとした食事をとっていない生徒が多いこと、また、気軽に相談できる大人がいないという場合が多いことが話された。また、発達障害、あるいはその疑いがあると診断された生徒が少なからずおり、教室運営が非常に難しくなっていることも説明された。他方、最近は若い教員が非常に多いために、保護者に対して適切な対応ができないことが多いこと、学校や生徒の情報を外に出すと何が起きるかわからないという恐怖をいつも抱えているつらさが述べられた。

　④では、各パネリストが傍聴者の座るエリアに入っていき、6つのグループをつくり、それぞれで椅子を円形に並べて小グループの話し合いが行われた。そして、最後に各グループからどのような話があったかについて全体共有が行われた。中学生が直面する困難な実情についてさらに詳しく語られたところもあれば、中学生を支援する他地域の取り組みの例が紹介されたところもあった。どのグループからも中学生の支援という共通課題にむけて認識を深める知見や解決策のアイディアが発表され、困難に向き合うパネリストに対してエールを送るような趣旨の意見が述べられた。

　⑤では、パネリストが再び円卓に戻り、司会進行のもとこれまでの話し合いのまとめと今後の可能性について話し合われた。そこでは、当初、設定されたNPO代表に対してどのような協力ができるかという議題を超えて、各パネリストが自身として、今後、どのようなことに取り組んでいきたいかを述べ合う展開となった。特に、中学校校長からは、「地域の中に中学生のことを真剣に考えてくれている人がこれほどたくさんいることに感動した。今後、地域の方々と一緒にできることを模索していきたい」という趣旨の意志表明がなされた。通常であれば消極的であることの多い学校関係者からそのような申し出があったことに、多くの参加者が驚き、これまでにない新たな展開を感じさせることになった。

　最後に、司会がこれを受ける形で「中学生の問題をめぐって関係者の間では誤解や偏見でコンフリクトがおきることが多いが、今日の話し合いと同じように、じっくりと話し合うことが必要で、そうしたら一番対立していた相

手が一転して一番の協力者になってくれることもあるし、地域の中には批判する人だけでなく協力したいと思っている人がいるはずで、そういう人たちが協力してくれるようになるかもしれない。そうなるとこれまでにない動きがおきる可能性は十分にある」という趣旨のまとめが行われ、場が閉じられた。

この話し合いのイベントの数日後、中学校校長とNPO代表との間で個別に具体的な連携のための話し合いが行われ、その後、実施されることとなった。また、中学校校長が、毎年行う、中学校とそこに通う生徒の出身校である小学校の教員の合同研修会のデザインをPTに依頼することとなった。そのテーマも学校と地域との連携であった。これらは話し合いがきっかけとして形成された関係性を基盤とした新しいアクションといえる。

4. 社会包摂型のまちづくりにおける話し合いのあり方

4.1 事例の考察

本事例は、社会包摂的まちづくりの初動局面において、話し合いのイベントによって関係者間の偏見が解かれ、その認識の中で学校と地域が新しい関係を形成していく可能性が共有され、それがきっかけとなって具体的なアクションが生まれていった事例として解釈できるのではないか。もちろん、その他の事情や文脈も影響していたことは否定できないが、話し合いがそれを促進したことも確かであろう。

ここで確認したいことは、いかにして偏見が解かれ、新しい関係が形成されたかである。ここでの話し合いのプロセスは、豊かさ追求型のまちづくりで一般的な、参加者が問題を洗い出して構造化、共有し、課題を絞って、解決策を構想していくという、いわゆる問題解決の話し合いとは全く異なっていた。その場に現出したのは、この問題に関するキーパーソンが一堂に会し、司会に促される形で普段言えない自らのつらい想いや本音を語ったら、司会、他のパネリスト、傍聴者から批判されることなく、しっかりと受け止めてもらえ、さらにエールまで贈られ、そして、それに応じる形で各パネリ

ストが次の目標を語り、最重要キーパーソンであった中学校校長もそのやりとりを聞いて感動したという告白とともに、次のアクションを申し出るという、通常ではありえそうもないプロセスだったのである。そして、これは偏見に基づく思考では考えられない予想外の展開であり、参加者は実際に行われた話し合いをうけて偏見を部分的かもしれないが修正することになったのである。すなわち、今回の話し合いが世間の偏見の誤りを証明するようなデモンストレーションとして機能し、参加者の偏見を解き、新たな関係の構築が促進されたといえるのではないか。

　人々の偏見は具体的な実践とその経験によって更新されていく主観的なイメージである。偏見を持った人が集まり話し合いをしてみて相手がその偏見通りのふるまいをしたらそれは強化されていく。しかし、話し合ってみたら、相手は偏見とは異なる動きをしたとすると、その偏見は修正されていく。少なくとも、あるカテゴリーの人々のすべてが同様の言動をとるとは限らないという認識には至るのである。A地区で生じたことは、まさにそういうことであり、PTによって周到に設計されたデザインの中で、関係者の偏見を裏切るような話し合いが現出し、その事実が偏見の反証として機能し、関係者の偏見を解いていく結果となったと解釈できるのではないか。

4.2　知見と課題

　この事例を通して得られた知見は以下のとおりである。社会包摂型まちづくりでは、問題の実態や原因について認識を共有することが難しいことから相互の偏見が生じ、まちづくりの展開を阻害してしまいやすい。この状況において、豊かさ追求型のまちづくりでよく用いられる、誰もが参加可能な気軽なワークショップを開いて自由に議論する話し合いのモデルは相互の偏見を強化してしまうリスクがある。むしろ、この偏見を解くために問題の実態を詳しく知る当事者と潜在的な支援者を一堂に集め、周到に準備をした枠組みの中で偏見を裏切るような当事者の話し合いを現出させるという方法が有効なのである。これを偏見克服のデモンストレーションとしての話し合いととらえてみたい。これは社会包摂型まちづくりの初動局面において一定の有

効性があると考える。

　この知見に関して二つの点について留意が必要である。第一に、これは周到にデザインされた中での話し合いであるということである。本事例においても、テーマの設定、パネリストの選定、さらに、パネリストとの事前ヒアリングがありプログラムの設計があった。特に、事前ヒアリングでどういう趣旨の話し合いなのか、そこで話す内容について、PTとパネリストの間である程度の共通理解を形成していた。もちろん、台本をつくり、それを再現するだけのやらせではなく、パネリストが話したいことが話されたわけだが、そこで生じた偏見を裏切るような展開は、PTが設計した枠組みの中で起こるべくして起こったものなのである。このデザインの精度をより高めていくことが必要であろう。

　第二に、この点に関して倫理的問題があるかどうか検討しなければならないということである。本事例において、もしPTがこの話し合いをどのような意図でどのように設計したかを話し合いの参加者全員に公開していたとしたら、どのような結果となっていたか。偏見や思い込みを解いていくことを狙っているという啓蒙的な目的意識があることを事前に表明したとすると、そもそも参加したいという人がいなくなるのではないか。したがって、そのような目的意識は伏せておいたほうがよいことになる。しかし、そのことは偽りなく誠実に向き合うという話し合いの一般的な倫理に反するようにも思える。これは一般のワークショップのデザインでもいえることではあるが、とりわけ、今回のようなデモンストレーションとしての話し合いの場合はそれが問われることになるだろう。

　本章では、社会包摂型まちづくりの初動局面における話し合いについて検討を行った。この局面における話し合いのモデルとして、偏見克服のデモンストレーションとしての話し合いを提示したが、その話し合いのデザインはどのようにあるべきか、また、それに関してどこまでのデザインが許され、どこからが許されないかといったことが今後の課題である。また、他の局面における話し合いも検討していかなければならない。

参考文献

木下勇(2007)『ワークショップ―住民主体のまちづくりへの方法論』学芸出版社
公益財団法人みらいファンド沖縄(2013)『沖縄式地域円卓会議開催マニュアル』公益財団法人みらいファンド沖縄
佐藤滋・早田宰編著(2005)『地域協働の科学―まちの連携をマネジメントする』成文堂
ジェイムズ・S. フィシュキン(2011)『人々の声が響き合うとき―熟議空間と民主主義』早川書房
篠藤明徳・吉田純夫・小針憲一(2009)『自治を拓く市民討議会―広がる参画・事例と方法』イマジン出版
篠原一編(2012)『討議デモクラシーの挑戦』岩波書店
全泓奎(2015)『包摂型社会―社会的排除アプローチとその実践』法律文化社
園田恭一・西村昌記編著(2008)『ソーシャル・インクルージョンの社会福祉―新しい〈つながり〉を求めて』ミネルヴァ書房
西村幸夫編(2007)『まちづくり学―アイディアから実現までのプロセス』朝倉書店
西山志保(2011)「横浜・寿町における自立支援と地域再生―多様性を包摂するまちづくり」『グローバル都市研究』4巻：pp. 81–97. 立教大学グローバル都市研究所
橋詰清一朗(2010)「包摂型まちづくりと安全・地域魅力マップの理念と手法：セーフコミュニティ活動による京都府亀岡市での事例をふまえて」『龍谷大学大学院法学研究』12号：pp. 211–225. 龍谷大学大学院法学研究編集委員会
原科幸彦編(2005)『市民参加と合意形成―都市と環境の計画づくり』学芸出版社
村田和代・井関崇博(2014)「〈みんなではじめる〉ためのコミュニケーション・デザイン」白石克孝・石田徹編『持続可能な地域実現と大学の役割』日本評論社
吉田正人(2007)「公共事業をめぐる合意形成の場のあり方」『情報と社会』17巻：pp. 39–52. 江戸川大学
寄本勝美(1989)『自治の現場と「参加」―住民協働の地方自治』学陽書房
渡辺俊一(1999)『市民参加のまちづくり―マスタープランづくりの現場から』学芸出版社

地球規模での市民参加の話し合い
― 「世界市民会議」とその舞台裏

三上直之

私と話し合いとの関わり

　今から15年ほど前に大学院で環境社会学を学んでいた頃、「三番瀬円卓会議」という話し合いの場に密着して参与観察をしたことがあります。埋立計画が住民の反対によって中止された後、残された干潟の保全と再生の計画を徹底した住民参加でつくるべく、県知事の肝いりで設けられた会議でした。それまで参加の機会が限られていた地元の環境保護団体なども加わり、会議は完全公開で行われました。当時としては画期的な場だったのですが、話が進むにつれ、異なる立場の人が開かれた場で議論を深め、合意をつくることの困難さがあらわになりました。私は結局、2年間で約160回にわたる会議のかなりの部分を傍聴し、参加型の議論の場をいかにつくるべきかについての事例研究として博士論文にまとめました（三上直之著『地域環境の再生と円卓会議』日本評論社）。論文で明らかにできたのはわずかなことでしたが、私にとっては、話し合いについて考える上で今でも一つの拠り所となっている経験です。

要旨

　世界数十カ国で同時に、それぞれの国や地域の縮図となる約100人の市民が集まり、気候変動や生物多様性などの地球規模課題について話し合い、その結果を国連の会議などに届ける「世界市民会議（World Wide Views）」という活動がある。2009年からすでに3回行われており、筆者も、会議の実施とそれに付随する研究開発に携わってきた。この取り組みに対しては、世界各地で行われる議論の質や、結果の活用方法などの点で疑問や批判も少なくないが、2015年の「気候変動とエネルギー」に関する会議では76カ国で1万人近い人が参加するなど、勢いを増している。その舞台裏には、この会議の仕掛人である「デンマーク技術委員会」という組織のしたたかな戦略があった。

1. はじめに―世界がもし100人の村だったら

　ひと昔前、「世界がもし100人の村だったら」という短い話が、メールで人づてに転送されて流行したことがあった。そうして出回った話を再話した本も出版された。その小さな絵本によると、話はこう始まる。「世界には63億人の／人がいますが／もしもそれを／100人の村に縮めると／どうなるでしょう」(池田・ラミス 2001: 7)
　こう述べた上で、世界がいかに多様な民族や宗教、言語をもつ人たちによって成り立っているか、また富や教育の機会がどれほど偏在しており、どれだけ多くの人が戦争や人権侵害におびえながら暮らしているかを示す。

33人がキリスト教／19人がイスラム教／13人がヒンドゥー教／6人が仏教を信じています／5人は、木や石など、すべての自然に／霊魂があると信じています／24人は、ほかのさまざまな宗教を／信じているか／あるいはなにも信じていません
（池田・ラミス 2001: 17）

20人は栄養がじゅうぶんではなく／1人は死にそうなほどです／でも15人は太り過ぎです
（池田・ラミス 2001: 25）

もしもあなたが／空爆や襲撃や地雷による殺戮や／武装集団のレイプや拉致に／おびえていなければ／そうではない20人より／恵まれています
（池田・ラミス 2001: 37）

　このように数字を挙げながら、世界がどのような人たちで成り立っており、互いがいかに分断されているのかを示した後で、次のように訴えて話は終わる。「まずあなたが／愛してください／あなた自身と、人が／この村に生きてある／ということを」(池田・ラミス 2001: 47)
　言葉で表現するとひとことで済んでしまうが、実行しようと思えば大変な話である。他者と自分とがこの世界にともに生きて存在することを愛する、

というからには、著しく隔たった境遇を生きる者同士が、お互いに多少なりとも具体的な関心をもち、知りあったり、想像しあったりすることが欠かせない。

一つの空想として、全世界の縮図となるような100人を選ぶことができ、その100人が、それこそ村の寄り合いのように、1カ所に集まって語り合うことができたなら、それも可能かもしれない。性別や年齢、出身地、宗教、言語、学歴、職業、所得、その他の生活の状況など、縮図をつくるために考慮しなければならない観点はたくさんある。恣意的にならないかたちで、それらのバランスをとることはきわめて難しい。しかし、もしも世界の全人口を対象として完全なくじ引きを行えるとしたら、あらゆる観点が反映された縮図をつくることができるかもしれない。

あたかもそんな空想を現実にもちこんだかのような会議がある。World Wide Views（WWViews）。日本語では世界市民会議という。「市民参加の話し合い」を地球規模で展開する試みとして、本章ではこの会議について紹介しよう。

2. 世界市民会議とは何か

2.1 概要

世界市民会議では、世界各地でそれぞれの国や地域の縮図となる100人ずつの老若男女が集まり、地球規模の課題をテーマとして話し合う。世界各地での会議は、同じ日に、同一の時間割と論点、資料を使って行われる。さすがに世界全体から100人の縮図をつくることはできないが、その代わりに各国、各地域を100人ずつの「村」に縮めた寄り合いが、世界中で同時並行的に開かれるわけである。

2009年に「地球温暖化」をテーマとして初めて開かれ、その後も2012年「生物多様性」、2015年「気候変動とエネルギー」と、回を重ねている。

各地で話し合いに参加する100人は、年代や性別、職業、学歴、居住地域などが、各国・地域の縮図となるように一般から集められる。話し合われ

る問題について、ごく平均的な関心や知識をもつ人たちの集まりになるよう、その回のテーマに専門的に取り組んでいる研究者や環境団体のメンバーなどは除いて募集される。2015年6月に開かれた「気候変動とエネルギー」の会議の場合、世界76カ国97会場で、9,378人が参加する規模となった(Bedsted et al. eds. 2015)。

各会場での会議は、朝から夕方まで丸1日かけて行われる。限られた時間でなるべく突っ込んだ話し合いができるよう、参加者は、会議のために執筆・編集され、各国語に翻訳された情報提供用の小冊子を、事前に郵便などで受け取り、それを読んだうえで会場に集まる(写真1)。

写真1　「生物多様性に関する世界市民会議」(2012年9月)の日本会場の様子

話し合いの焦点を明確にするため、会議テーマに関して、さらに詳しく四つほどの議題が設定される。2012年9月に開かれた「生物多様性に関する世界市民会議」の場合は、導入にあたる「生物多様性とは」に始まって、「陸の生物多様性」「海の生物多様性」「負担と利益の分配」という議題に沿って議論が進められた。

参加者は5、6人のグループに分かれて、各議題について、約1時間ずつ話し合いを進めていく(写真2)。議題ごとに、さらに詳しい設問(論点)が数

個ずつ設定されるが、これらも完全に世界共通である。生物多様性の会議では、「陸の生物多様性」に関する設問の一つは「自然保護区を新たに設置すると、もともとその土地で行われていた経済活動に支障をきたすことがあります。このような場合、何を優先すべきだと思いますか？」というものだった。これに対して「新しい自然保護区の設置を優先すべき」や「経済的利益を優先すべき」などの選択肢が用意されており、参加者は各グループにつくファシリテーターの進行で、どの選択肢を選ぶべきかを議論していく。

写真2　グループでの話し合い

　一つの議題についての話し合いが終わったら、その時間に話し合われた数問の設問それぞれに対して、参加者が各自の考えに基づいて個人で投票する。投票の結果は会場ごとにリアルタイムで集計され、世界規模で比較できるようにウェブ上に集約される。この結果こそ、情報提供と熟議を経た後での国・地域ごとの市民の意見分布であり、世界市民会議の話し合いから得られる直接のアウトプットということになる。
　世界市民会議のウェブサイト[1]で公開されている結果データは、プルダウンメニューを操作することで、各国別や、アジア、欧州などの地域別はもちろんのこと、「先進国」や「途上国」などのグループ別に集計し直して出力

することができる。

　試しに一つの例として、2015年の「気候変動とエネルギー」の会議の冒頭二つの設問への投票結果を、日本と世界全体とを比較するかたちで出力したグラフが、図1と図2である。

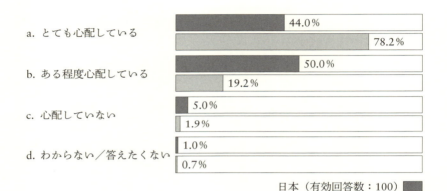

図1 設問「あなたは、気候変動の影響をどれくらい心配していますか？」への投票結果（2015年6月、「気候変動とエネルギーに関する世界市民会議」）

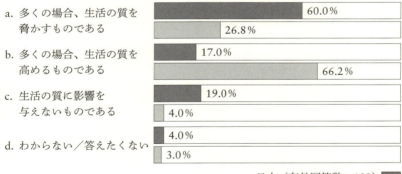

図2 設問「あなたにとって、気候変動対策は、どのようなものですか？」への投票結果（2015年6月、「気候変動とエネルギーに関する世界市民会議」）

「気候変動をとても心配している」という参加者が、世界全体では約 8 割に上るのに、日本では約 4 割にとどまる。また「あなたにとって、気候変動対策は、どのようなものか」という設問への回答では、世界全体と日本とでは正反対の傾向となっているのが注目される。世界全体では約 66％の人が、「多くの場合、生活の質を高めるものである」としており「生活の質を脅かすものである」としている人は約 27％なのに対して、日本では「生活の質を高める」が 17％、「脅かす」が 60％となっている。この結果の解釈はここでの主題ではないが、日本における——とりわけ東日本大震災以降の——気候変動問題への一般的な関心の度合いを表した結果と言えるかもしれない。

さて、会議結果は、開催の数カ月後には分析や解説を加えた報告書にまとめられ、広く公に発信されるとともに、関係する国連の会議に情報提供される。

2015 年の「気候変動とエネルギー」の会議では、情報発信の主なターゲットは、同年 11 月末から 12 月にパリで開かれた気候変動枠組み条約締約国会議（COP21）であった。この会議では、世界の平均気温上昇を 2 度未満に抑えるという目標のもと、全ての国が排出量削減目標を設定し、提出することを義務づける「パリ協定」が合意された。世界市民会議の結果は、このパリでの会議に先立って各国の交渉担当者らに提供されたのである。またパリ会議の期間中には、世界市民会議の主催者によるサイドイベントが 4 度も開かれ、地球規模での市民参加の意義と結果がアピールされた。

2.2　世界規模での「ミニ・パブリックス」の実験

無作為抽出などで選ばれた市民が集まって話し合い、その結果を政策決定などに活用する市民参加のやり方そのものは、必ずしも新しいものではない。世界市民会議が行われる以前にも、自治体レベルや、国レベルでは広く行われてきた。参加者が十数人の小さなものから数百人規模のものまで、また日数も 1 日で終わるものから数日間、あるいは複数回に分けてじっくり話し合うものまで、さまざまな手法がある。その多くは 1970 〜 80 年代に

米国や欧州で始まり、やがて世界各地で用いられるようになった。近年では、これらの手法をひっくるめて「ミニ・パブリックス(mini-publics)」と総称するようになっている(篠原編 2012、三上 2015)。世界市民会議は、ミニ・パブリックスを世界規模で展開しようとする試みと言える。

世界市民会議の各国における運営は、各地域の NGO/NPO(非営利組織)や大学、博物館などが担っている[2]。私も 2009 年と 2012 年の 2 度、日本での開催に携わった。

私の場合、環境問題や科学技術に関するコミュニケーションや社会的意思決定を主な対象としてきた社会学の研究者であり、自らの研究の一環として、ミニ・パブリックスを使った市民参加の方法に関心をもち、日本社会におけるその活用可能性を、実践しながら研究してきた。世界市民会議への関わりも、そうした実践と研究の一部である。同じような立ち位置で世界市民会議に関わっている研究者は、全世界では相当な数にのぼり、これまでの会議の開催経験を踏まえて、1 冊まるごと世界市民会議をテーマにした本が、すでに 2 冊も出版されている(Rask et al. eds. 2012、Rask and Worthington eds. 2015)。

そのうちの 1 冊、2012 年の生物多様性に関する世界市民会議を対象とした本では、私も共同研究者とともに 1 章分を分担した(Mikami and Yagi 2015)。その中では、日本会場でのディスカッションの参与観察と議事録の分析から、生物多様性のような地球規模の広がりをもつ複雑な課題について、専門知識や明確な意見をもたないふつうの市民が、世界的に同一の議題や手法で話し合うことの難しさについて論じた。各テーブルの討論をつぶさに分析すると、国際交渉などで取り上げられるグローバルな論点と、参加者がそれぞれの土地で営む生活との間にあるギャップ(global-local gaps)があらわになった[3]。世界市民会議の議題は、主に前者寄りに設定されているのであるが、両者を橋渡しして話し合いを成り立たせるためには、参加者の生活実感により即した議題を選択することが有効であること、そのために各国において議題や論点を設定できる余地を残しておく必要があることなども明らかになった。

2.3 国際比較を通じてみえること

世界各国で、条件を統一して同時に話し合いをすると、投票結果だけでなく、話し合いに臨む参加者の状態も国ごと会場ごとに異なることがわかる。

図3に示したのは、そのほんの一例である。生物多様性をテーマとした2012年の会議で、各国の参加者に「あなたは生物多様性の問題について判断を下すのに十分な情報を持っていますか」とたずね、「とてもそう思う」から「まったくそう思わない」までの7段階で答えてもらった。これは、私も参加した国際共同研究のチームが実施した追加的なアンケートであり、そのため日本と欧州の2カ国、それに米国内4カ所の計7会場のデータしか得られていないのが残念ではあるが、それでも結果は興味深い違いを示している。グラフの色が濃い方、つまり左に行くほど十分な情報をもっている

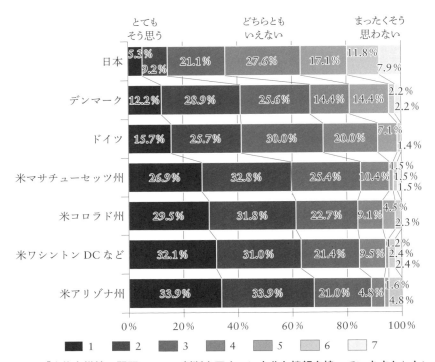

図3 「生物多様性の問題について判断を下すのに十分な情報を持っていますか」という質問への参加者の回答（2012年9月、「生物多様性に関する世界市民会議」）

という回答であり、逆に右に行くと自分は情報が足りないという回答になる。日本の参加者は、自分がもっている情報に対して、もっとも不足を感じており、それとは対照的に、米国の参加者たちは楽観的で自信に満ちている。欧州の2カ国の参加者はその中間の傾向である。

世界市民会議の参加者は、一般から募集されたふつうの市民である。生物多様性の問題について、あらかじめ詳しい知識をもちあわせていない人が、どの国でも参加者の大半を占めるはずだし、実際、豊富な知識をもっていることは期待されてもいない。だからこそ事前に情報提供用の冊子を読んで、議論に備えてもらう設計になっている。その意味で、欧米および日本の7会場の参加者の間では、知識レベルそのものに、じつはそれほど大きな差はないのではないか。「あなたは生物多様性の問題について判断を下すのに十分な情報を持っていますか」という質問に対する回答の差に大きく影響しているのは、議論に参加するためにどれくらいの知識や情報をもっていなければならないかについての想定の違いだと思われる。

日本会場での討論の参与観察で印象的だったのは、1日の議論全体をふりかえって感想を述べる場面で、多くの参加者が共通して、話し合ううえで自分の知識が足りないことを痛感したと述べていたことだった。米国や欧州での討論内容を直接観察したわけではないから不確かな部分は残るが、図3のアンケート結果と合わせて考えると、日本の参加者は、自分の知識レベルの評価について良く言えば謙虚だが、「幅広い知識がないと議論に参加する資格がない」と、過度に思い込んでいる可能性がある。

3. 世界市民会議に対する疑問や批判

世界市民会議に可能性を感じ、自ら実践に関わり研究対象にもしてきたが、その過程では、この取り組みにどんな意味があるのかという疑問や批判にも数多く直面してきた。

まず、一般から集められた人たちがたった1日話したぐらいで、地球環境問題について意味のある意見を形成することができるのかという疑問があ

る。この会議の肝は、それぞれの国や地域の縮図となるように集められた人たちが話し合うという点にある。最も徹底したやり方では、各国や地域で、無作為抽出やそれに準ずる方法で参加者を募ることになる。この募集の手順が理想的になされればなされるほど、100人の参加者は、気候変動なりエネルギーなり、生物多様性について、専門知識をもたないふつうの人たちばかりで構成されるであろう。したがって上述の疑問は、世界市民会議を含むミニ・パブリックス型の市民参加のやり方全般に向けられたものとも言える。

　また、かりに市民が集まって話し合うことに意義を認めるとしても、この世界市民会議のやり方が「市民参加」とか「熟議」の名に本当に値するものなのか、という角度からの批判もある。世界市民会議の参加者は、あらかじめ定式化された質問に対して選択式で意見表明することになる。もっとみっちりと議論をして、参加者自身が論点を構築していくタイプの市民参加の手法と比べると、かなり簡易なやり方であることは否めない。世界同時での開催や、結果の国際的な比較可能性などを追求するあまり、市民参加としての実質がないがしろになっているのではないかという懸念を引き起こすのは、無理もないことである。

　さらに、議論の結果は、政策に何らかの意味ある影響を及ぼしうるものなのか、という疑問がある。それができないのなら、この取り組みは無意味なお祭りさわぎでしかないのではないか、といった辛辣な批判を頂くこともある。

　ちなみに、大規模なミニ・パブリックスを行ったものの、そこで得られた結果が最終的に生かされないことがある、という問題については、日本では苦い経験がある。東日本大震災の翌年、2012年に、原発事故後の新たなエネルギー政策を「国民的議論」を踏まえて策定するためとして、政府が、全国から無作為抽出で募った約300人を集めて「討論型世論調査（Deliberative Polling）」というミニ・パブリックスを実施したことがあった（曽根ほか2013: 115-222、柳瀬2015: 217-294）。情報提供と議論を経た後の投票の結果、参加者の過半数が、即時または将来的な原発ゼロを求めていることが明らかになり、当時の民主党政権はこの結果を重くみて、2030年代に原発稼

働ゼロを目指すというエネルギー戦略を決定した。ところが、その3カ月後に行われた総選挙で誕生した今の政権のもとでは、この戦略が撤回されるばかりでなく、討論型世論調査を含む「国民的議論」の結果も顧みられることなく、その後のエネルギー政策が進行している。ミニ・パブリックスの結果が生かされるかどうかは、その時々の政治状況に大きく依存するという不安定さがある。

以上のような疑問や批判は世界市民会議に固有のものではなく、ミニ・パブリックス型の市民参加に共通する問題である。そうした弱点があることがわかっているのに、なぜそれをあえて世界規模で、莫大な手間とコストをかけて多くの人を巻き込んで展開しようとするのか、という疑念が寄せられていると考えるべきであろう。

そして、これらの疑問や批判には、私のようにこの世界市民会議というプロジェクトに可能性を感じて、当初から関与してきている者からみても、うなずける部分が多々ある。控えめに言っても、痛いところを突かれている。世界市民会議の議題になっている地球環境問題は、どれも1日話し合ったぐらいで解決策がみいだせるほど単純なもの、わかりやすいものではない。市民参加の方法として詰めの甘い部分があるという指摘もよく理解できる。

4.「べき論」とは異なるアプローチ

これらの批判に共通しているのは、地球環境問題についての議論はかくあるべき、市民参加はかくあるべき、という理想が先にあって、その観点から世界市民会議の足りない部分を指摘していることである。それらの指摘には、世界市民会議を改善しながら継続していくという観点からみても、貴重な内容が多く含まれている。

しかし同時に、こうした「べき論」をもちこむだけでなく、少し異なる切り口でこの世界市民会議という対象を捉えてみることも大事なのではないかと思う。それは、さまざまな疑問が寄せられているにもかかわらず、この取り組みが世界中で多くの人びとや組織を巻き込んで広がり続けているのはな

ぜか、という問いである。

　この点に関しては、先に紹介した世界市民会議に関する研究書の中でも、すでに色々な議論がなされている。

　とくに、グローバル化が進展し、リスク社会が地球の隅々までを覆いつくすようになっていることは、最大の背景と言える。気候変動にせよ、生物多様性にせよ、またエネルギー問題にせよ、これらに無縁の地域はどこにもないし、その対策において、世界の諸地域は互いに依存し、影響しあっている。文字どおり地球規模で議論し、対処しなければならない課題群が立ち現れてきていることは、世界市民会議のような枠組みが登場する、いちばん直接的で根本的な理由といえる。

　それと同時に、こうした課題を取り扱う国際政治におけるアクターの拡張という要素もある。国際機関における交渉や議論は、もともとは各国政府が主たるプレーヤーであり、現在もそれは変わっていないのだが、そこにNGOが加わり、「気候変動に関する政府間パネル」(IPCC)に象徴されるような科学者たちのコミュニティが加わり、というように、プレーヤーがしだいに拡張されてきた。今日ではそれに加えて、いわゆる「市民の声」を直接導入することも、国際機関における交渉や意思決定の正統性を担保するために求められるようになってきている。そんな理解も可能であろう。

　新たな民主主義の方向性として、近年、「熟議民主主義」ということが言われるようになっている。選挙で代表者を選んで、その人たちの多数決で物事を決める「集計型」一辺倒の民主主義ではなくて、もっと一般の人びとの話し合いを基軸に据えた民主主義が必要なのではないか、といった議論である。この熟議民主主義の可能性をグローバルな規模で実現しようとする試みが、今のところ不備は多いけれども、この世界市民会議なのだという議論もなされている。

　突っ込みどころに事欠かないこのプロジェクトが、なぜ影響力をもち始めているのかを、こうした社会の巨視的な変化という観点から捉えるのは有意義である。しかしここでは、そうした大所高所からの話とどこかでつながっているがもう少し俗っぽい切り口から、この問題を考えてみたい。それは、

この世界市民会議の企画者たちが、いったい何をねらっているのか、という点である。仕掛人の戦略に焦点を当てることで、この世界市民会議をどのように理解し、どうやって向き合っていけばよいのかの手がかりを得ることができないか、という趣旨である。

5. DBT（デンマーク技術委員会）—世界市民会議の仕掛人

世界市民会議を当初からコーディネートしているのは「デンマーク技術委員会」という組織である。英語では The Danish Board of Technology、略して DBT という。1986 年にデンマーク政府のテクノロジーアセスメント (TA) 機関として設立された。

テクノロジーアセスメント (TA) とは、科学技術に関する政策決定のため、新しい技術の社会的影響を独立の立場から評価する仕組みのことである。ここで重要なポイントは「独立の立場から」という点である。

新しい技術やその研究開発に税金をつかったり、法律で規制したり、といった政策を決めるのは、多くの国では議会の仕事であり、また原案をつくる行政府の仕事である。立法府も行政府も、必ずしも科学技術の専門家ではなく、予算をつくったり、法律をつくったりするのに十分な知識や情報をもっているとは限らない。だからと言って、個別に専門家に話を聞いて情報を収集しようとすれば、ある技術を極端に推進しようとする筋からの情報だけをつかまされたり、その逆にブレーキをかけようとする立場の意見に振り回されたり、といったことが起こりかねない。意思決定のための適切な助言を得ることは容易ではない。

そこで、ある新しい技術について、それを推進したり、逆に反対したりする立場から距離をとって、その技術が社会に与える正負の影響を評価し、議会や行政の意思決定を支援するしくみを整える必要がある、という話になってくる。こういう話が最初に盛り上がったのは 1960 年代の米国であった。米国ではこれが実を結び、1972 年、連邦議会にテクノロジーアセスメント局 (OTA) が設置された。今ではこの組織は廃止されているが、全盛期には

数百人の職員を擁して、多数の評価レポートを送り出していた。この OTA の動きを大西洋の反対側からみていた欧州の人たちが、欧州諸国にも TA 機関をつくろうという動きを起こしていく。そして 1980 年代に入って、実際に西欧のいくつかの国に TA 機関がつくられる。その一つが DBT であった。

　欧州に輸入された TA の思想としくみは、米国とは異なる展開をみせる。それまでの TA では、対象となる技術に詳しい研究者や、経済学者、倫理学者、ジャーナリストなど、その技術や周辺の事情について、専門的な知見をもっている人たちが評価を行っていた。そうした従来型の TA に対して、DBT を中心とした欧州の人たちは「参加型（participatory）TA」という新機軸を打ち出す。それは、技術のユーザーであり、何か問題が起こった時に影響を受ける潜在的な被害者でもある一般の人たちが、TA に参加する枠組みをつくるべきではないか、という考え方であった。

　市民が TA に参加する、と言ってもどうすればよいのか。そのための方法として DBT が 1980 年代後半に考案したのが、「コンセンサス会議」である。このやり方が、世界的に大ヒットし、他の欧州諸国のみならず、米国や中南米の国々、アジアにももちこまれ、「科学技術への市民参加」の一つの世界的なモデルとなった。

　ちなみに、政府組織としての DBT は 2012 年に廃止されている（三上 2012）。政府の科学技術関係の予算カットの対象となり、それまで得られていた交付金が打ち切られたためである。それを機に DBT は、名前はそのままに民間財団へ転換し、TA だけではなく、市民参加型の意思決定支援を手広く担うコンサルタントとして、デンマーク国内はもちろん、全欧州的に活動を展開している。

　DBT の設立当時からスタッフの一人が、今は事務局長を務めているラース・クリューバー氏であり、世界市民会議の基本的な構想も彼がつくった。この分野の世界的な第一人者の一人と言ってよいだろう。クリューバー氏のもとで、世界市民会議のコーディネーターを務めているのがビョルン・ベッドステッド氏である。

6. 市民参加型手法の変化

6.1 デンマークでは使われなくなったコンセンサス会議

　DBT が開発したコンセンサス会議は、日本でも 1990 年代後半以降、何度か行われたことがあるので、名前は聞いたことがある方が多いのではないかと思う。1987 年に DBT が最初に行ってから、すぐに世界中に伝播し、「遺伝子組換え（GM）作物」「ナノテクノロジー」などのテーマでさかんに用いられた。小人数（15 人程度）での熟議と合意形成を特徴としたミニ・パブリックスの手法であり、参加者主導で議題設定をし、提言の起草まで行う。

　世紀の境目をピークに、日本を含め世界中で行われたコンセンサス会議は、最近では、発祥の地である欧州でも以前ほど行われなくなってきている（三上 2016）。母国デンマークでも、DBT は 2005 年頃からコンセンサス会議を開いていないという。市民参加の手法は、コンセンサス会議のように小人数でじっくり議論を深めるものから大人数のものへ、また 1 国単位で行うものばかりでなく多国間で連携して会議などを開くという方向へとシフトする趨勢にある。

　DBT のウェブサイト[4]には、市民参加のさまざまな手法を紹介したコーナーがあるが、そこからもコンセンサス会議という文字は消えている。代わって主流になっているのは、例えば「シチズン・サミット（Citizen Summit）」などと呼ばれる大人数型の会議である。世界市民会議は、こうした大規模化や国際化を、ある意味では究極までつきつめたスタイルである。DBT としては、この世界市民会議をコンセンサス会議に代わるグローバルな「ヒット商品」とすべく、普及に励んでいる状況だと考えればわかりやすい。

6.2 大規模化が志向される理由

　では、市民参加が大規模化、国際化の方向へ向かっている背景は何だろうか。世界市民会議のような展開が出てくる背景には、そもそも話し合うべきトピックそのものがますますグローバル化してきているということが当然あ

るが、大規模化が志向される理由としては、他に次のようなことも考えられる。

　一つには、市民参加のプロセスを設計し運営するのにかかるコストと、それによって得られるメリット、つまりは費用対効果に対する評価がますますシビアになってきていることが挙げられる。手間や費用をかけて、たった15人の意見を聞くというのは割に合わない、という話である。政府内の独立機関だったDBTが廃止され、民間財団に転換したきっかけは、政府の支出削減であった。

　もう一つ、参加型TAのアウトプットを政策決定への参照意見として用いる際に、その意見のもとになった市民パネルが本当に社会の「縮図」なのか、といったことがより厳しく問われるようになっている事情もある。この点に関しては、コンセンサス会議も含む市民参加の手法が、ミニ・パブリックスという枠組みで捉え直されるようになっていることが注目される。ミニ・パブリックスというのは、先に触れたように、無作為抽出や割当などの方法を使って、社会の縮図となるような十数人から数百人規模の市民パネルをつくり、その市民パネルが議論した結果を政策決定に用いる方法の総称である。強い意見をもつステークホルダーの声だけでなく、いわゆるサイレント・マジョリティの声を政策形成に反映する方法として注目されている。

　コンセンサス会議もミニ・パブリックスの一種だが、同じミニ・パブリックスでも100人以上、数百人規模のものでは、話し合いの結果はコンセンサス会議のような提言文書のかたちではなく、アンケート結果や投票結果などの数量データとしてアウトプットされることが多い。参加者のリクルートもかなり厳密な無作為抽出に基づいて行うので、社会の縮図としての精度は高まる。こうしたものと比べた場合、コンセンサス会議は、参加者の間で熟議を深めるという点ではすぐれているかもしれないが、政策決定に「使える」結果が出てくる方法かどうかという目線でみると、物足りないという話になる。世界市民会議は、グループでの熟議や意見形成というコンセンサス会議の要素に、アンケートによる意見集約を特徴とする討論型世論調査の要素を組み合わせ、この弱点を補おうとした手法だとみることもできる。

7. コーディネーターが語る二つの戦略

　世界市民会議を仕掛ける側の意図については、ベッドステッド氏らDBTのコーディネーターたちが、かなり率直に語っている。先ほど紹介した生物多様性に関する世界市民会議を対象とした本に、かれら自身が執筆した論文（Bedsted et al. 2015）が収録されていて、そこでは世界市民会議をコーディネートする上で重視する点が、二つ挙げられている。それは、政策決定者が「使える」量的な意見集約を重視することと、国際機関や政府組織との密接な協働のもとで会議の企画運営を進めることである。

7.1　「使える」量的な意見集約の重視

　この論文の中でベッドステッド氏らは、あらかじめ設定された設問に回答するだけの受け身の参加ではなく、参加者自身が議論を通じて話し合うべき論点を形成していく能動的な参加こそ、本来の市民参加であるという考え方を認めるところから話を始める。DBTがかつて手がけたコンセンサス会議はまさにそうした手法だったと、はっきり述べている。

　その一方で、ベッドステッド氏らは「政策決定者たちに、世界市民会議の結果に関心をもってもらうためには、かれらの間で議論になっている論点を、直接的にせよ間接的にせよ、取り上げなければならない」（Bedsted et al. 2015: 33）とも指摘する。現状の国連のシステムは、残念ながら一般の市民が提起するアジェンダを受け入れる体制にはなっておらず、世界市民会議はそれに合わせた対応をとっている、というのである。こうした観点からみれば、コンセンサス会議のように小人数で話し合いを深め、最終的に提言文書のかたちで結果を出すタイプの市民参加との対比で、政策決定者にとって「使える」量的な意見集約を強調する意義はより明確になる。

　この点に関して、DBTの方針は当初から一定だったわけではない。2009年に開かれた1回目の世界市民会議では、最終盤のセッションで、グループごとに短い政策提言（日本語では100文字程度）をまとめる作業が含まれていた。これは、コンセンサス会議において15人の参加者が、話し合いを

重ねて政策提言文書を起草していく活動のミニチュア版を織り込んだようなものであった。このときの会議テーマは地球温暖化であったが、同じ議題と資料で話し合った後でも、各グループが政策提言で打ち出すポイントは、国ごとに異なっていたのが印象的であった。

ところが、2回目となる2012年の生物多様性の会議になると、この政策提言のセッションは廃止されてしまう[5]。参加者の意見の集約は、あらかじめ定められた設問に対する選択式の投票のみに絞られた。「提言セッション」をなくした理由も、この論文の中で説明されている。世界全体では数百にものぼるグループから提出される大量の質的データ（提言内容）を、政策決定者が理解・利用しやすいかたちで短期間のうちに集約し処理することは困難だからというのが、その主な理由であった。ここでも政策決定者が使いやすい結果、もっと露骨な言い方をすれば、いかに政策決定者に「売れる」結果を生み出すかが、一貫して追求されている。こうした関心は、もう一つの力点である国際機関や政府組織との密接な協働というポイントとつながっている。

7.2　国際機関・政府組織との密接な協働

2009年の地球温暖化に関する世界市民会議は、国際機関とは直接の連携関係をもたずに進められた。2回目の2012年、生物多様性に関する会議からは、国連の生物多様性条約の事務局や、デンマーク環境省と密接に協働する体制がつくられた。こうした変化のねらいについても、上述の論文で語られている。準備の段階から国際機関によるお墨付きを得て世界市民会議の企画運営を進めることにより、政策過程につながりやすい問いを設定したり、鍵となる国々やステークホルダーとの連絡をスムーズにしたり、さらに会議後に結果が締約国会議（COP）の場に導入されやすい状況をつくったり、といったことが意図されていたという。その成果もあって、2012年にインドで開かれた生物多様性のCOP11では、会議の公式な総括文書の中に世界市民会議に言及する1文が入ったし、3回目になる2015年の「気候変動とエネルギー」の会議では、さらに存在感を増している。

DBTのコーディネーターたちが、こうした戦略を象徴するものとして挙げているのが、世界市民会議の結果を取りまとめた報告書の名前の変遷である (Bedsted et al. 2015: 36)。2009年の地球温暖化の会議の時には、「政策レポート (Policy Report)」と題されていた。そこには、世界市民会議の結果は市民による政策提言である、というニュアンスがまだあった。ところが第2回目以降はそれを「結果レポート (Result Report)」へと、意図的に変えたのだという。討論を経た後の市民が、あらかじめ設定した設問に対してどのように投票したかの結果を集約して政策決定者やメディアなどに伝えるのが世界市民会議の報告書の役目であって、政策に対して何か提言をするものではない、というスタンスが明確になっている。

　先にみた世界市民会議に対する疑問や批判に立ち返れば、こうした変化は「市民参加」としてはまさしく後退とみなされるかもしれない。しかし、コーディネーターらのこうした戦略が功を奏するかたちで、世界市民会議は気候変動や生物多様性に関する国際交渉において居場所を確保しつつあるのである。

8. おわりに

　この不思議な取り組みが、世界中で多くの人びとや組織を巻き込んで広がり続けているのはなぜかという観点から、世界市民会議についてみてきた。始まってからまだ8年ほどの活動であるが、市民参加による話し合いのあり方について、色々と思考を刺激する対象であることは間違いない。

　近々、新たなテーマで次の会議を開催する計画も検討されているほか、生物多様性条約のCOPの前には毎回開くというアイデアも、コーディネーターらと生物多様性条約の事務局との間で話し合われているという。さまざまな問題を抱えつつも、この試みが回を重ね、一定の影響力をもち始めている現実は、無視できないのではないか。

　少なくとも、素朴な「べき論」でもって、こんな取り組みは無意味だと切って捨てていて済む段階は、おそらく過ぎたと言わなければならない。こ

の世界市民会議を、不可解なところもある一つの社会現象として、多角的に、批判的に検討するような研究が、今後おそらくますます必要になってくるであろう。

注
1　http://wwviews.org/
2　日本における会議の主催者は、2009 年が大阪大学・上智大学・北海道大学、2012 年が日本科学未来館、2015 年が科学技術振興機構であった。
3　世界市民会議の討論過程の参与観察については、郡ほか (2013) も参照。「生物多様性に関する世界市民会議」の (とくに日本における) 実施については、池辺ほか (2013)、池辺ほか (2014) に詳しい。
4　http://www.tekno.dk/
5　2012 年の会議では、各国の主催者の判断によって、独自に「提言セッション」が実施された所もあった。日本会場もその一つであり、Mikami and Yagi (2015) はその提言セッションのグループ討論に密着した参与観察の報告である。

参考文献
池田香代子再話　ラミス，C. ダグラス対訳 (2001)『世界がもし 100 人の村だったら』マガジンハウス
池辺靖・黒川紘美・寺村たから・佐尾賢太郎 (2013)「国際的政策決定プロセスへの市民コンサルテーションの枠組みづくりについて―「世界市民会議 World Wide Views 〜生物多様性を考える」の実施」『科学技術コミュニケーション』13: pp. 98–110. 北海道大学 CoSTEP
池辺靖・寺村たから・佐尾賢太郎・黒川紘美 (2014)『国際的政策決定プロセスへの市民コンサルテーションの試み「世界市民会議 World Wide Views 〜生物多様性を考える〜」(日本科学未来館・展示活動報告 vol. 8)』日本科学未来館
郡伸子・寺村たから・佐尾賢太郎・遠藤恭平・三上直之 (2013)「地球規模での「科学技術への市民参加」はいかにして可能か？―生物多様性に関する WWViews の討論過程の参与観察から」『科学技術コミュニケーション』13: pp. 31–46. 北海道大学 CoSTEP
篠原一編 (2012)『討議デモクラシーの挑戦―ミニ・パブリックスが拓く新しい政治』

岩波書店
曽根泰教・柳瀬昇・上木原弘修・島田圭介（2013）『「学ぶ、考える、話しあう」討論型世論調査―議論の新しい仕組み』木楽舎
三上直之（2012）「デンマーク技術委員会（DBT）の「廃止」とその背景」『科学技術コミュニケーション』11: pp. 74-82．北海道大学 CoSTEP
三上直之（2015）「市民意識の変容とミニ・パブリックスの可能性」村田和代・松本功・深尾昌峰・三上直之・重信幸彦『市民の日本語へ―対話のためのコミュニケーションモデルを作る』pp. 81-112．ひつじ書房
三上直之（2016）「コンセンサス会議」『地域社会研究』26: pp. 17-20．別府大学地域社会研究センター
柳瀬昇（2015）『熟慮と討議の民主主義理論―直接民主制は代議制を乗り越えられるか』ミネルヴァ書房
Bedsted, Bjørn, Søren Gram, Marie Louise Jørgensen and Lars Klüver. (2015) WWViews on Biodiversity: New Methodological Developments and Ambitions. In Mikko Rask and Richard Worthington. (eds.) (2015) *Governing Biodiversity through Democratic Deliberation*, pp. 27-40. London; New York: Routledge.
Bedsted, Bjørn, Yves Mathieu and Christian Leyrit. (eds.) (2015) *Results Report: World Wide Views on Climate and Energy*. Copenhagen: Danish Board of Technology Foundation.
Mikami, Naoyuki and Ekou Yagi. (2015) Bridging Global-local Knowledge Gaps in Public Deliberation. In Mikko Rask and Richard Worthington. (eds.) (2015) *Governing Biodiversity through Democratic Deliberation*, pp. 170-190. London; New York: Routledge.
Rask, Mikko, Richard Worthington and Minna Lammi. (eds.) (2012) *Citizen Participation in Global Environmental Governance*. London: Earthscan.
Rask, Mikko and Richard Worthington. (eds.) (2015) *Governing Biodiversity through Democratic Deliberation*. London; New York: Routledge.

付記
　本章は、2016年2月23日に国立環境研究所で行った講演「仕掛人の戦略から考えるWWViewsとのつきあい方」の内容に基づいて筆者のウェブサイトに執筆した同名の記事（http://d.hatena.ne.jp/nmikami/20160415/1460597030）をもとに、加筆・修正を行ったものである。

オンライン熟議実験を用いた
ファシリテーターの機能の比較検討
―再生可能エネルギー資源の利用を巡る
　社会的意思決定問題の例

馬場健司・高津宏明

私と話し合いとの関わり

　馬場の専門は環境政策論、合意形成論です。環境政策、エネルギー政策の過程では、NIMBY（Not In My Back Yard）やトレードオフの問題がしばしば発生します。そういった問題の解決を、熟議により図っていく手法に関心を持って20年近く経ちました。どのような方法がより効果的なのか、場のデザインを検討したり、自身でファシリテーションを行ったり、ロールプレイシミュレーションを開発してみたりと、様々な試行錯誤を重ねてきました。しかしいまだに本当に役立ったという実感を得るには至っておりません。いつかそのような日が来ることを願いつつ、現在は気候変動の話し合いによる「将来シナリオづくり」をめぐって試行錯誤が続く日々です。

　高津は、SNSほか様々なWeb上のツールを利用して、デジタル時代の市民たちのリアルな声を探ることに取り組んできました。現在は、民間企業に勤める傍ら、NPO法人の一員として、地域課題を解決するための活動に取り組んでいます。

要旨

　各地で導入が進む再生可能エネルギーのうち特に地熱発電、木質バイオマス利用については、地域の共有資源をどのように活用していくのか、話し合いが必要となる。本章では、これら二つの再生可能エネルギーの導入を題材に、ステークホルダーを対象として実施したオンライン熟議実験の結果を比較し、ファシリテーションの違いがどのような結果の違いをもたらしたのかについて、テキストマイニングにより検証した。その結果、方向性が見通すことのできる題材については、合意形成を目指すファシリテーションが、将来の方向性が定まっておらずより慎重な議論を要する題材については、まずは情報共有を目指すファシリテーションが有効であることが示された。

1. はじめに

　東日本大震災以降、地熱や木質バイオマスといった再生可能エネルギー資源の利用に対する注目が高まっている。特に風力発電や太陽光発電、地熱発電、小水力発電、木質バイオマス利用などは、「地産地消」が基本となる。したがって、このような地域の共有資源（ローカル・コモンズ）をどのように活用していくのか、地域社会での合意形成が重要となる（田中他 2014）。

　こうした合意形成を促すために様々な形態や目的の話し合いが行われる。ここでいう話し合いには、情報共有や普及啓発の意味合いが強い一般市民の参加によるワークショップから、対立する論点についてステークホルダーが参加して相互理解や合意形成を図ろうとするものまで、社会的意思決定のスペクトラム（連続体）における諸相が含まれる。

　例えば、2012年9月に民主党政権下で決定された「革新的エネルギー・環境戦略」の策定過程において、政策立案への国民参加を企図して実施された「討論型世論調査（DP; Deliberative Polling®）」は、あくまでも世論調査であり、合意形成までは意図されていない。つまり、この話し合いでは、参加者は熟議を通じて多様な専門的知識を習得したり他の参加者の考え方に触れたりすることは期待されているものの、熟議を通じて何らかの合意に達することまでは求められていないのである。

　一方で、まさに合意形成が求められる個別地点での風力発電などの立地を巡っては、例えば米国カリフォルニア州では、科学者とステークホルダーとの間で科学的エビデンスを「共同事実確認（JFF; Joint Fact-finding）」するなど、様々なコンセンサス・ビルディングの手法が適用されている例もある（Bartlett 2011、馬場・松浦 2012）。しかしながら、多くの国内の事例では、十分な話し合いがもたれることなく、立地問題の意思決定がなされることも多い（馬場・田頭 2009）。

　このような話し合いの場がどのように推移するかを決定づける要因として、少なくとも二つが挙げられよう。一つは、科学的エビデンス（専門知）の与え方である。これがどのように提供されるかによって、ステークホルダー

や一般市民の話し合いにおける態度は大きく変わり得る。DPの全世界での適用事例の横断的分析結果では、専門知の提供による参加者の知識の変化などがしばしば指摘される（Luskin et al. 2002, Fishkin et al. 2010）。もう一つの要因として、ファシリテーション機能が挙げられる。ファシリテーターは、その担い手であり、彼らが話し合いの目的に照らしてその振る舞いを変化させ、目的に沿った話し合いが進行するよう大きな役割を持つ。本章では、このうち特にファシリテーション機能に着目する。

　また、この種の話し合いには、DPやJFFの他にもコンセンサス会議など様々なものが世界各地で適用されてきている一方で、より参加の機会を広げるツールとして、同種の方法をオンラインで実施する試みも少しずつではあるが蓄積されつつある。例えばDavies and Gangadharan（2006）やLuskin et al.（2006）はDPのオンライン上の実験を、Grönlund et al.（2009）やDelborne et al.（2011）はコンセンサス会議のオンライン上の実験を行っている。これらはいずれも、ランダムサンプリングに基づく一般市民により構成されたミニ・パブリックスを対象としたものである。

　そこで本章では、より利害関心の強いステークホルダーを対象として、科学的エビデンス（専門知）を共有しながら合意を形成したり、相互理解を深めたりしていくJFFのオンライン上の二つの熟議実験の結果を比較し、話し合いの目的に応じたファシリテーションが、どのような結果の違いをもたらしたのかについて検証する。用いる熟議実験の一つは、木質バイオマス資源を題材としたもの（以降、「木質バイオマス熟議」と記す）と、もう一つは地熱資源を議題としたもの（以降、「地熱熟議」と記す）である。いずれも地域資源の配分を巡る社会的意思決定に係る問題であり、両者は再生可能エネルギーの利用システムは異なるものの、その資源利用において地域社会で合意形成が必要になるという視点からは大いに共通点がある。一方で、話し合い上の相違点として、「木質バイオマス熟議」では合意形成を、「地熱熟議」は相互理解を指向している点が挙げられる。これらの比較に際しては、テキストマイニング手法により、二つの熟議のそれぞれについて論点となったイシューの特定およびイシュー間の関係の把握を行い、両熟議がどのような性

質を持ったものであったかを分析する。

2. 話し合いにおけるファシリテーターの役割

　話し合いにおいてファシリテーターに期待される役割については、様々な論考がある。例えば、サイエンスコミュニケーションにおけるファシリテーターの役割について論じている山科（2011）や日高他（2014）は、ファシリテーションが専門家と非専門家の媒介機能を果たすことに注目している。また、複数の話し合いの発言録データに対しテキストマイニング手法を適用し分析を行った榊原・長曽我部（2010）は、話題が特定しやすく参加者が認識を共有している熟議と、話題の特定が困難であり参加者間の認識の共有が見られない熟議とを区別し、前者には課題発見型の司会運営が、後者には参加者間の摩擦を調整するコンフリクト調整型の司会運営が必要であることを明らかにしている。森崎他（2014）は、ファシリテーターの熟議への関与が積極的な場合と消極的な場合とを比較した結果、参加者が自身の熟議への貢献度が高いと感じている場合、司会者による積極的な関与によって参加者の熟議に対する納得度が高まることを明らかにしている。なお、以上は対面による熟議についての論考であるものの、基本的にはオンラインでも変わらないと考えられる。

　以上を踏まえて、図1は、情報共有や相互理解、相談・諮問、共同的問題解決や合意形成を図ろうとするものまで、様々な目的を持つ社会的意思決定のスペクトラムにおいて、ファシリテーターの役割をまとめたものである。

　BSEなどの問題にDPを適用した杉山（2012）は、DPにおけるファシリテーターの役割は、参加者が議題に関する情報提供を受けること、議題に関する他者の考え方に触れることの2点がうまく機能するよう、その場を運営することであると指摘している。その振る舞い方についての原則が次の三つにまとめられている。すなわち、①話の交通整理に徹する、②話になるべく介入しない、③議論が深まるように務める、である。前述したように、

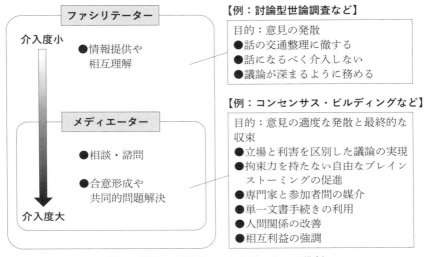

図1 議論におけるファシリテーターの役割

DPはあくまでも世論調査という性質を持っており、そのプロセスを通じて達成されるべき点は、情報共有や相互理解であり、むしろ参加者の意見の発散を目的としているものの、合意形成や意見の集約を目的としていない。つまり、情報共有や相互理解を目的とする話し合いのファシリテーターの介入度は、合意形成や共同的問題解決を目的とする話し合いと比べて低いものとなるべきと考えられている。なお、DPにおいては「ファシリテーター」という名称よりは「モデレーター」という言葉が用いられる場合が多いが、本章ではより包括的な概念としてファシリテーターという語を用いている。

　コンセンサス・ビルディングとは、話し合いにおける参加者ほぼ全員の合意を形成するものを指しており、クルックシャンク・サスカインド（2008）は、参加者によるブレインストーミングを行う段階、および合意案のひな形を作成する段階において、腕の良いファシリテーターの力を借りるよう奨めている。ファシリテーターの行為によって実現されるべきものとして挙げられているのは、①立場と利害を区別した議論の実現、②拘束力を持たない自由なブレインストーミングの促進、③専門家と参加者間の媒介、④人間関係の改善、⑤相互利益の強調である。コンセンサス・ビルディングは、まさに

意見の収束を最終目的とした話し合いであるため、ファシリテーターは、参加者間の自由なアイデアの提案を促しつつ、最終的な合意案のひな形（単一文書）を作成するという作業をも求められている。結果として、ファシリテーターの介入度は高いものが求められる。このように合意形成や共同的問題解決を目的とする話し合いにおけるファシリテーターは、熟議の進行役に留まることなく、参加者のコミュニケーション促進を通じて熟議を終決へと導く役割を果たしている。こうしたファシリテーターは、「メディエーター」と呼ばれ、比較的明確な役割が期待されている。

3. オンライン熟議実験の方法

3.1 実施概要

以下では、「木質バイオマス熟議」と「地熱熟議」のそれぞれの実験方法について説明する。木質バイオマス熟議では、「木質バイオマスとは何か（森林・林業・木質バイオマスのつながりと課題の俯瞰）」、「木質バイオマスの導入事例・メリット・デメリット」、「これまでの政策の課題と今後の政策の展望」を論点として熟議が進められた。地熱熟議では、「地熱発電とは何か（地熱利用の可能性と意義、地熱発電の仕組みと日本における現状、地熱発電のコストと建設上の課題、地球温暖化問題と地熱発電、地熱発電の長所と短所）」、「これまでの地熱発電の論点（主として温泉への影響）」、「これからの地熱発電の論点（環境省の規制緩和、経済産業省の固定価格買取制度、小規模分散型の温泉発電などの新しい制度的、技術的動向）を論点として熟議が進められた（図2参照）。

図3は、実験のフローを示している。地熱熟議と木質バイオマス熟議の両方とも、基本的な実験フローについては同様である。

まず、インターネット上での簡単なウェブ調査（スクリーニング調査）を行い、この問題に一定の利害関係を有すると考えられる人々をインターネット調査会社のモニターより一次抽出した。なお、DPでは無作為抽出で一般市民を集めるが、本実験では、木質バイオマス熟議では、供給者・調整者・需

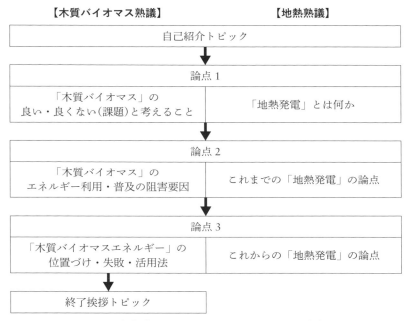

図2　各熟議において提示されたトピック・論点

要者・山林所有者など、地熱熟議では、温泉地居住者、温泉地関連産業関係者、温泉愛好者、地球環境・地熱発電志向者といったステークホルダーを抽出している。これはより利害の先鋭化されたアクターによる話し合いの可能性を観察するために必要な手続きといえる。

　これらの一次抽出者にファシリテーターを加え、インターネット上で2週間程度の熟議を実施した。実施期間は、地熱熟議が2014年3月3日～3月16日、木質バイオマス熟議が2014年10月18日～10月30日である。いずれの熟議においても、最初に各参加者による自己紹介が行われ、その後、前述した3種類のトピックについて順次議論が行われた（木質バイオマス熟議については、最後に終了挨拶も行われている）。なお、各トピックが開始する度に、専門家パネルの作成した当該トピックに関する専門知を提供した。なお、専門家パネルは、木質バイオマス熟議については、林学・森林工学の研究者と木質バイオマスエネルギー関連のコンサルタントの2人、

```
1. スクリーニング調査
   ● 簡易な調査項目の設定とスクリーニング調査の実施(T1)
   ● 調査結果に基づくステークホルダーの抽出とリクルーティング
                    ↓
2. 専門知に関する資料の作成
   ● 専門家パネルの構成と論点の特定
                    ↓
3. 熟議の実施(2週間程度)
   ● 自己紹介トピック
   ● 論点1に関する専門知の提供と熟議前質問紙調査(T2)
   ● 論点1に関する熟議
   ● 論点2に関する専門知の提供と熟議
   ● 論点3に関する専門知の提供と熟議
   ● (木質バイオマス討論のみ)終了挨拶トピック
   ● 熟議後質問紙調査(T3)
                    ↓
4. 分析
   ● 発話データを元にしたテキストマイニング分析
   ● イシューの特定
   ※質問紙調査データは補足的に利用
```

図3 実験フロー

地熱熟議については、地熱工学と地球化学などの3人で構成した。

議論における各参加者(ファシリテーターも含む)の発言は、ログとして残されており、後述のテキストマイニングによる分析対象とするのは、これらの発話データである。なお、地熱熟議においては、参加者50名程度の別々の三つのコミュニティにおいて並行的に議論が行われており、それぞれについて発話データが存在する。本章の分析では、それらコミュニティ間の熟議の比較ではなく、木質バイオマス熟議との比較を企図しているため、地熱熟議におけるこれら三つの発話データは併せて一つの発話データとして扱う。

3.2 ファシリテーターの介入度の違い

木質バイオマス熟議におけるファシリテーターは、合意形成や共同的問題解決を想定して高い介入度を持って熟議を進行している一方、地熱熟議にお

けるファシリテーターは情報共有や相互理解を想定した形で熟議を進行し、その介入度は低く設定した。この点は、ファシリテーターの書き込み頻度に端的に示されている。木質バイオマス熟議におけるファシリテーターの書き込み数は117件（ただし、自己紹介トピックおよび終了挨拶トピックを除く）、地熱熟議におけるファシリテーターの書き込み数は36件（ただし、自己紹介トピックを除く）となっており、木質バイオマス熟議の方が、介入度が高かったことが伺える。以下では、具体的な書き込みを参照し、それぞれの議論においてファシリテーターがどのように振舞っていたかについて、定性的な点からも検討を加える。

3.2.1　木質バイオマス熟議におけるファシリテーター

　木質バイオマス熟議におけるファシリテーターの介入度は、コンセンサス・ビルディングにおいて想定されているものと同程度のものであった。この点を、前節で示されたコンセンサス・ビルディングにおけるファシリテーターの機能①〜⑤が満たされているかどうかを検証することで確認したい。

　まず、①立場と利害を区別した議論の実現については、ファシリテーターは参加者の書き込みを受け、「最も重視する点はどこか」「木質バイオマスの普及のためにどのような工夫が必要か」など、議論の内容に立ち入った質問を追加しており、参加者の主張、すなわち立場の背後にある利害を追求するものとなっている。

　次に、②拘束力を持たない自由なブレインストーミングの促進については、ファシリテーターは参加者の書き込みを他者の書き込みを見て意見を変えてもいいことを告げ、拘束力のないことを明示している。③専門家と参加者間の媒介については、段階的に専門知の提供を行い、専門家と参加者の間の媒介人として機能していた。④人間関係の改善については、議論の実質に関わるトピックのみならず、その前後の自己紹介トピックおよび終了挨拶トピックにおいても、ファシリテーターが参加者に対して積極的に応答を行っている点から、ファシリテーターが一定の配慮を示していることが伺える。

　最後に⑤相互利益の強調については、特に議論終盤において、これと同様

の意味の発言(「相互で動く必要がある」、「いい意味で影響を与え合う」など)がファシリテーターによってなされており、参加者にとって相互利益を考える機会を提供できていたと考えられる。

3.2.2 地熱熟議におけるファシリテーター

地熱熟議におけるファシリテーターの介入度は、木質バイオマス熟議におけるファシリテーターのそれと比べると相対的に低いものであった。地熱熟議におけるファシリテーターの振る舞いは、前節で示された①〜③の機能に照らせば、以下のようなものだったといえる。

まず、熟議冒頭の自己紹介における応答とトピックの提示のほかには、ファシリテーターはほとんど熟議に参入しておらず、ファシリテーターの書き込みのほとんどが、過度に説明不足と考えられる参加者の意見にさらなる書き込みを促すもの(例えば、「難しい問題ですね」とだけ書き込んだ参加者に、どんな点が難しいと思ったか、具体的に書き込むように促すなど)であった。こうした点から、ファシリテーターが②話になるべく介入しないという役割を果たしつつ、参加者の言葉足らずな書き込みに補足を促すことで、①話の交通整理に徹するという役割をも果たしていると認められる。また、ファシリテーターは逐次的な専門知の提供を行い、参加者に議題に関する情報を与えている。したがって、③議論が深まるように務めるという役割も一定程度は果たしていたと考えられる。

4. 発話データのテキストマイニング分析

4.1 分析の概要

以下では、二つの熟議におけるファシリテーターの振る舞いが、期待される効果(木質バイオマス熟議では合意に向けた意見の収束、地熱熟議では多様な意見の発散)を実際に生み出したのかについて検証する。分析は、岩見他(2013)を参考にしつつさらに精緻化して実施する。なお、自然言語処理ソフトウェアにはttmを、統計処理ソフトウェアにはRを用いている。

4.1.1　発話データのクリーニング

　まず、テキストマイニングの対象とする発話データを元データから選び出す。地熱熟議においても木質バイオマス熟議においても、熟議の冒頭で行われた自己紹介トピックの書き込みは分析対象から除いた。これは、熟議のイシューに直接関係する部分についてのみ、ファシリテーターの及ぼす効果を測るという意図による。同様の理由により、木質バイオマス熟議において最後に行われた終了挨拶トピックの書き込みも分析対象外とした。

　また、ファシリテーター本人の発話データ、および木質バイオマス熟議における参加者の書き込みデータのうちファシリテーターの言葉をそのまま引用している部分は分析対象から除いた。続くテキストマイニング分析をするにあたり、こうしたデータを除いてファシリテーターの発言とそれ以外を峻別しなければ、ファシリテーターが及ぼす効果を検討することができないからである。

　これらの結果、テキストマイニングの対象となったのは、木質バイオマス熟議では合計 197 個、地熱熟議では合計 383 個の書き込みである。

4.1.2　クラスター分析の対象語の選定

　クリーニングした発話データに対し、テキストマイニングを実施する。テキストマイニングでは名詞のみを抽出し、その中でも Tiny Text Miner の分類上一般名詞、複合名詞、サ変名詞に該当するもののみを、分析対象とする。これらの名詞の中から、クラスター分析の実施対象となる語を選定する。選定は、各語の TFIDF 値を基準に行った。TFIDF 値は、以下の計算式に基づいて各名詞につき算出される。

$$TFIDF = t(w) \times \log \frac{D}{DF(w)}$$

　今回の実験の場合において、t(w) は各熟議中における語 w の出現回数を、D は各熟議における書き込みの数を、D(w)は語 w が出現した書き込みの数を示している。この計算式によると、出現回数の少ない語・出現した書

き込み数の多い語ほど、重み付けが小さくなる。すなわち、書き込みをまたがって頻繁に出現する語は重要性が低いと判断される。例えば、地熱発電熟議における「地熱発電」、「温泉」という単語や、木質バイオマス熟議における「木質バイオマス」という単語など、議論の参加者が必ず一度は言及することが想定される単語の重み付けが小さくなる効果が期待される。議事録データのテキストマイニング分析の中には、語の選定に発話データ中における各名詞の出現回数を利用しているものも見られるが、TFIDF値を利用した方が語の選定手法としては優れていると考えられる。

最終的にクラスター分析にかける語としたのは、TFIDF値が高い順に上から100語(実際には、出現頻度が同数の単語があったため、木質バイオマス熟議については105語、地熱熟議については102語)である。選定に際しては、則武他(2014)同様、複数回の試行の結果、熟議のイシューの抽出にあたって過不足のない語数が100語程度であり、この点はいずれの実験でも同様であったことから、これを一定の目安とした。

なお、上位100語に至るまでに、熟議のイシューに直接関係ない単語、すなわち、(1)一文字のみの単語、(2)議事の進行に関わる単語、(3)他の品詞の一部が名詞として抽出された単語、(4)それ単体では意味が通らないものは削除している。地熱熟議と木質バイオマス熟議のそれぞれについて削除

表1 各熟議において削除した単語

	木質バイオマス熟議	地熱熟議
(1)一文字のみの単語	人、山、木、薪、E、話、国、林、家、手、県、町、気、目、先、他、B、熱、面	人、他、国、先、目、B、気、話
(2)議事の進行に関わる単語	コメント、意見、資料	拝見、記事、資料、コメント
(3)他の品詞の一部が名詞として抽出された単語	考え(「考えます」等の動詞の一部)	気持ち(「気持ち良い」等の形容詞の一部)、考え
(4)それ単体では意味が通らない単語	一つ、あと、通り、方々	kW

した具体的な単語については、表1を参照されたい。

4.1.3 クラスター分析による熟議の構造化

木質バイオマス熟議における105語、地熱熟議における102語の各語について主成分負荷量を算出し、クラスター分析を適用した。なお、距離計算はユークリッド法、クラスタリングはウォード法によって行った。この結果を示したものが図4、図5である。

図4、図5を見ると、二つの熟議が違った性質を持つものとなっていることが、視覚的に明らかである。木質バイオマス熟議の結果では選定語が比較的入れ子的な構造にクラスタリングされている。一方で地熱熟議の結果を見ると、選定語が大きく2種類にクラスタリングされることが分かる。いわば前者が垂直的な構造を、後者が水平的な構造を持っているといえる。こうした構造の違いの意味するところを調べるため、以下ではクラスタリングさ

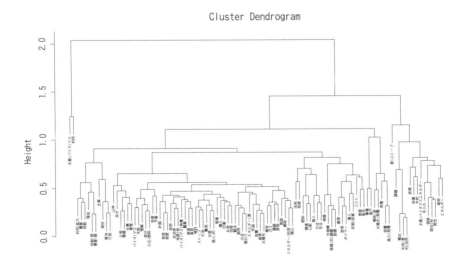

図4　木質バイオマス熟議のクラスタリング結果

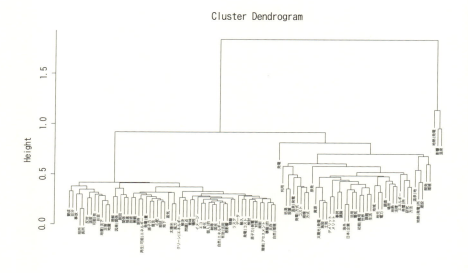

図5　地熱熟議のクラスタリング結果

れた個々の単語を吟味しつつ、イシューの把握を行う。

4.2　イシューの特定

元々の発話データを参照・吟味しつつ、図4、図5のようにクラスタリングされた各単語を意味のある語群ごとに再構成し、具体的な議論イシューの特定を試みた。

4.2.1　木質バイオマス熟議におけるイシュー

図6は、木質バイオマス熟議について、各単語を再構成し、イシューを特定したものであり、全部で13個のイシューから構成されている。これらのイシューから、以下の点が分かる。

まず、イシューが入れ子構造になっている中で、より高次のイシュー（つまり、他のイシューとの距離が大きい単語のまとまり）ほど、包括的な点に

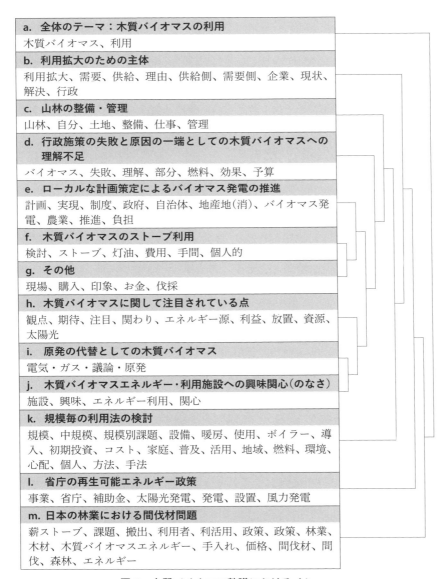

図6　木質バイオマス熟議におけるイシュー

ついて論じている。こうしたイシューとしては、a、b、m、l が挙げられる。

一方、入れ子構造のうち比較的低次のイシュー（つまり、他のイシューとの距離が小さい単語のまとまり）ほど、より各論的なテーマを表すようになる。こうしたイシューとしては、c、d、e、f、h、i、j、k が挙げられる。

各論的なテーマを表すイシューについて特に注意すべきは、これらの各論的なテーマが、総論的なテーマをより深めたものになっているという点である。例えば、山林の整備・管理に関するイシュー c については、日本の林業における間伐材問題を論じたイシュー m をより鄒衍しているものと考えることが可能である。

これらの点から次のことがいえる。まず、木質バイオマス熟議においては、総論的なイシューを前提として、それを土台に各論的なテーマが話し合われている。つまり、図4で示された垂直的な構造は、一定のテーマについて「狭く深い話し合い」が行われたことを示している。

4.2.2 地熱熟議におけるイシュー

図7は、地熱熟議について、各単語を再構成し、イシューを特定したものであり、全部で16個のイシューから構成されている。これらのイシューから以下の点が分かる。

まず、全体の熟議のテーマを示すP以外のイシューは、「マクロなテーマ」と、「ミクロなテーマ」に分類されることが分かる。図5から、地熱熟議における選定語が大きく2種類にクラスタリングされていることが分かることは先に述べた通りであり、これは具体的なイシューの内容からも支持されている。

「マクロなテーマ」と「ミクロなテーマ」のそれぞれについてどのようなテーマを表しているのかという点について端的に示しているのが、イシューAおよびイシューGである。

「マクロなテーマ」とは、エネルギー源として地熱発電をどのように導入するかということに関連しているテーマである。東日本大震災以降再生可能エネルギーに注目が集まる中で、他の再生エネルギーと比較しつつ、いかに

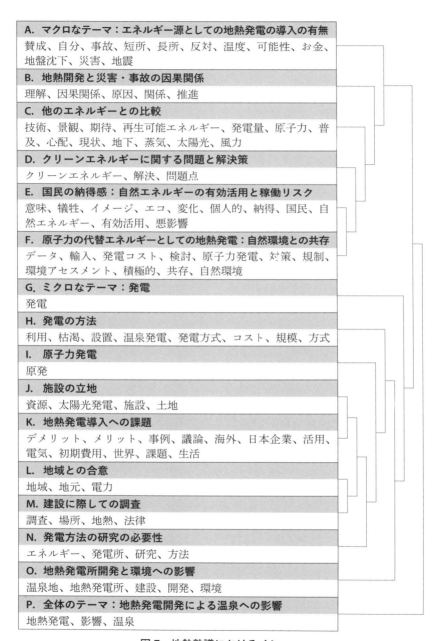

図7　地熱熟議におけるイシュー

自然環境との共存や災害を防いだ形で地熱発電を導入するか、といった点が論じられている。

一方「ミクロなテーマ」とは、地熱発電を実際に行っていく際に、論点となるイシューである。そこでは、原子力発電との比較のほか、発電所を建設する際の立地、環境への悪影響とそれらへの調査の必要性、建設予定の地域と合意をする必要性などが論じられている。

地熱熟議における「マクロなテーマ」のイシューと、「ミクロなテーマ」のイシューの間には、特に包含関係は見られない。また、「マクロなテーマ」および「ミクロなテーマ」のそれぞれに属するイシュー間には、若干の包含関係も見られた（例えば、イシューEやイシューFは、イシューDの各論的なイシューであると考えられる）ものの、概してイシュー間の関係は横並びであったといえる。

これらの点から、図5で示された水平的な構造は、大きく2種類のテーマについて、それぞれ「広く浅く話し合われて」いたことを表していると考えられる。

5. おわりに

5.1 ファシリテーターが熟議に与えた効果

これまでの実験および分析をもとに、ファシリテーターが熟議に与えた効果の有無を確認する。

まず、木質バイオマス熟議においては、ファシリテーターは、合意形成や共同的問題解決、参加者の意見の収束を目的とした話し合いにおいて求められる機能に即したファシリテーションを行った。その結果、木質バイオマス熟議の議論の性質は特定の総論テーマを土台に、各論テーマにまで議論を深めるという、垂直的なものになった。イシューの数が少なく、さらにそれらのイシューが多面的に考えられているということは、論点が複雑化しない一方で、多様な合意パッケージ案が生まれうることを示している。このことから、木質バイオマス熟議では、想定された通りの性質を持った話し合いが行

われたといえるだろう。

　次に、地熱熟議においては、ファシリテーターは、情報共有や相互理解、参加者の意見の発散を目的とした話し合いにおいて求められる機能に即したファシリテーションを行った。その結果、地熱熟議での話し合いの性質は、視点の異なる二つのテーマに分かれて議論が行われ、それら二つのテーマの論点が発散する形で議論が行われる、いわば水平的なものとなった。視点の異なるテーマが共存し、しかもそれらが発散しているという点は、普段自分が接することのない人の考え方に触れることを企図した話し合いの目的に沿ったものだったといえる。

　熟議後に、参加者同士の相互作用を測る質問紙調査の設問として、「自分は他の参加者の意見をよく聞くことができた」、「他の参加者は自分の意見をよく聞いてくれた」という熟議の評価を用意している。前者については、木質バイオマス熟議では61.3％が、地熱熟議ではさらに多い72.6％が肯定的評価を示したものの、後者については、木質バイオマス熟議ではやはり61.3％が、しかし地熱熟議では38.4％しか肯定的評価を示さなかった。これは、木質バイオマス熟議が意見の収束、地熱熟議が意見の発散を意図したことが、参加者の実感としても得られていることを示しているといえる。

　以上から、ファシリテーターの機能の相違が話し合いの結果に相違をもたらすことが検証されたといえる。例えば、木質バイオマスエネルギー利用については、方法論や実現可能性などについては意見が様々あるものの、造林の整備の必要性があることや間伐材の再利用が有意義であることについては争いがない。このように、向かうべき方向性が見通すことのできる題材については、合意形成や共同的問題解決を目指すファシリテーションを行うことが有効である。一方、地熱発電については、その導入が限りある地下資源（とりわけ温泉）とのトレードオフ関係を生み出すものであるため、「そもそも導入すべきか」という点から意見が分かれている。将来のあるべき姿について方向性が定まっておらず、より慎重な議論を要する題材については、まずは情報共有や相互理解を目指すファシリテーションが有効といえる。

5.2 今後の課題

今後の課題として、まずはテキストマイニング手法一般の課題としてしばしば挙げられる点であるが、イシューの特定はある程度分析者の主観に頼らざるを得ないため、この点をより客観性のあるものにする必要がある。この基本的な課題以外には以下が挙げられよう。

第一に、もう一つの話し合いの場の推移を規定すると考えらえる科学的エビデンス（専門知）の与え方も含めて分析することである。これによって、ファシリテーターの機能との相乗効果を踏まえた話し合いの場のデザインをすることが可能となる。

第二に、ファシリテーターの機能は、参加者の規模が大きくなればなるほど効果が発揮しにくくなるのは、オンラインでも対面でも同様である。高崎他（2010）や伊美他（2014）などは、オンライン上の大規模な熟議におけるファシリテーターを支援するシステムを開発しつつある。オンラインでの人手によるファシリテーションに加えて、このようなシステムによる支援は有効と考えられ、情報共有や相互理解から合意形成や共同的問題解決に至る様々な話し合いの目的に応じた技術開発の進展が望まれる。

参考文献

伊美裕麻・伊藤孝行・伊藤孝紀・秀島栄三（2014）「大規模意見集約システム COLLAGREE の開発と名古屋市次期総合計画に関する社会実験」『人工知能学会全国大会論文集』28: pp. 1–4.

岩見麻子・大野智彦・木村道徳・井手慎司（2013）「公共事業計画策定過程の議事録分析によるサブテーマの把握とサブテーマを介した委員間の関係性の可視化に関する研究」『土木学会論文集 G（環境）』41(6): pp. II_71–II_78.

榊原弘之・長曽我部まどか（2010）「テキスト分析を通じたワークショップ討議の評価手法に関する研究」『土木計画学研究・講演集』41(15)CD-ROM.

杉山滋郎（2012）「討論型世論調査における情報提供と討論は機能しているか」『科学技術コミュニケーション』12: pp. 44–60.

高崎準・ジドラスコタチアナ・白松俊・大囿忠親・新谷虎松（2010）「合意形成を導くファシリテーション機能拡張のための議論コーパス作成支援システム」『情報

科学技術フォーラム講演論文集』9(2): pp. 265–266.

田中充・白井信雄・馬場健司編(2014)『ゼロから始める　暮らしに生かす再生可能エネルギー入門』家の光出版

則武透子・高津宏明・小林素子・増原直樹・馬場健司・田中充(2014)「インターネット討論実験を用いた地熱発電と温泉利用の資源間トレードオフをめぐるステークホルダーの態度変容分析」『環境システム研究論文発表会講演集』42: pp. 393-402.

馬場健司・松浦正浩(2008)「交渉シミュレーションを用いた環境論争の解決策の検討―風力発電立地のケース」『環境システム研究論文集』36: pp. 149–158.

馬場健司・田頭直人(2009)「再生可能エネルギー技術の導入に係る社会的意思決定プロセスのデザイン―風力発電立地のケース」『社会技術論文集』6: pp. 77–92.

馬場健司・松浦正浩(2012)「ステークホルダー間の共同事実確認による風力発電導入プロセスの可能性」『第34回風力エネルギー利用シンポジウム予稿集』pp. 271–274.

馬場健司・鬼頭未沙子・高津宏明・松浦正浩(2015)「オンライン熟議実験を用いた木質バイオマスの利活用を巡るステークホルダーの態度変容分析」『土木学会論文集G(環境)』71(5): pp. I_235–I_246.

日高友郎・水月昭道・サトウタツヤ(2014)「サイエンスカフェにおけるファシリテーターの集団維持機能―市民―科学者間の会話を支える要因に注目して」『実験社会心理学研究』54(1): pp. 11–24.

森崎孔太・塚井誠人・難波雄二・桑野将司(2014)「司会者の関与が討議参加者の納得に及ぼす影響」『土木学会論文集D3(土木計画学)』70(1): pp. 28–43.

山科直子(2011)「サイエンスコミュニケーションにおけるファシリテーター機能の重要性とその育成―共に考えるコミュニケーションの推進に向けて」『専門日本語教育研究』13: pp. 9–14.

ローレンス・E. サスカインド、ジェフリー・L. クルックシャンク著　城山英明・松浦正浩訳(2008)『コンセンサス・ビルディング入門―公共政策の交渉と合意形成の進め方』有斐閣

Davies, Todd and Seeta Peña Gangadharan (2009) Online Deleberation: Design, Research and Practice, CSLI Publications. (http://odbook.stanford.edu/static/filedocument/2009/11/10/ODBook.Full.11.3.09.pdf［2015. 6.22］)

Delborne, Jason A., Ashley A. Anderson, Daniel Lee Kleinman, Mathilde Colin and Maria Powell (2011) Virtual Deliberstion? Prospects and Challenges for Integrating the Internet in Concensus Conference, *Public Understanding of Science*. 20(3): pp. 367–384.

Fishkin, James S., Baogang He, Robert C. Luskin and Alice Siu (2010) Deliberative Democracy in an Unlikely Place: Deliberative Polling in China, British, *Journal of Political Science*. pp. 1–14.

Bartlett, Gina (2011) Joint Fact Finding and Stakeholder Consensus Building at the Altamont Wind Resource Area in California, J. Burger (ed.) *Stakeholders and Scientists: Achieving Implementable Solutions to Energy and Environmental Issues*, pp. 255–281. Springer Science + Business Media, LLC.

Grönlund, Kimmo, Kim Strandberg and Staffan Himmelroos (2009) The Challenge of Deliberative Democracy Online – A Comparison of Face-to-face and Virtual Experiments in Citizen Deliberation, Information Policy. 14: pp. 187–201.

Luskin, Robert C., James S. Fishkin, and Roger Jowell (2002) Considered Opinions: Deliberative Polling in Britain, *British Journal of Political Science*. 32: pp. 455–487.

Luskin, Robert C., James S. Fishkin and Shanto Iyengar (2006) Considered Opinion on U.S. Foreign Policy: Evidence from Online and Face-to-face Deliberative Polling, The Cnter for Deliberative *Democracy*, *Research Papers*. (http://cdd.stanford.edu/2006/considered-opinions-on-u-s-foreign-policy-face-to-face-versus-online-deliberative-polling/ ［2015.6.22］)

謝辞

本研究は、総合地球環境学研究所 FR プロジェクト (R–08)、科研費基盤研究 (C)（課題番号 26340122)、科学技術振興機構・社会技術研究開発センター「科学技術イノベーション政策のための科学」研究開発プログラム平成 23 年度採択課題「共同事実確認手法を活用した政策形成過程の検討と実装」により実施された。記して感謝申し上げたい。

米国オレゴン州ポートランドに見る話し合いと住民自治

―全米で最も住み易いまちと言われる理由

西芝雅美

> **私と話し合いとの関わり**
>
> 専門は行政学（Public Administration）ですが、修士はコミュニケーション学で取得し、異文化間コミュニケーションのワークショップなどでファシリテーターを務めるなど、多くの話し合いの場に携わってきました。また、2004年より「住民主体の地方自治」をテーマに市区町村職員の研修をポートランドでの住民自治の事例を題材に行い、住民と行政職員の話し合いの有りようを検証してきました。こうした経験の中から、異文化間コミュニケーションでも、住民・行政職員の話し合いでも、重要なのは参加者が対等の立場で話し合いに臨むことだと考えます。
>
> ポートランド州立大学の Center for Public Service にて米国、日本、韓国等の行政・NPO 職員を対象とした人材育成プログラムに携わり、住民自治と多文化共生を主なテーマに研究活動を行っています。

要旨

オレゴン州のポートランド市は全米で最も住み易いまちとして注目を集めている。本章ではポートランドが住み易いまちになった理由は住民が住みたいまちの理想像を公に「話し合う場」をつくり上げてきた事にあると捉え、住民参画と話し合いの場としてのネイバーフッド制度の歴史と行政側の基盤づくりへの取り組みを紹介する。また、話し合いの場の制度が機能していくためにはソフト面で行政職員の力量の充実も図らなければならない。ポートランド市職員および住民活動家のパネル発表を基に、話し合いの場を有効に活用するための行政職員の姿勢と力量についての見解をまとめ、ポートランドがいかにして住み易いまちになってきたかを検証する。

1. はじめに

　米国オレゴン州のポートランド市は、近年、米国内外から住み易いまちとして評価され、注目を集めている（e.g.Bridge Lab 2015、ソトコト 2014）。ポートランド市は米国北西部に位置するオレゴン州の経済の中心地で、人口は 2014 年の国勢調査の推定で 61 万 9360 人のオレゴン州最大の都市である。（ちなみにオレゴン州の人口は 397 万人）[1]。ポートランド首都圏地域は住民活動が活発である事で知られており（Johnson 2004）、ポートランドが住み易いのは自然環境や地理的条件等の要素に加え、住民が積極的に行政やコミュニティ活動に参画して、より良い地域づくりを進めてきた事が大きく貢献しているといわれている。

図 1　ポートランドの地理的位置

　Putnam、Feldstein と Cohen（2004）は著書 *Better Together* でポートランドの住民活動の説明に 1 章を割き、ポートランドでは住民が積極的に様々な政治・コミュニティ活動に参画しようという意欲が「蔓延」していると評した[2]。Putnam らによれば、そんなポートランドも実は 1970 年代頃までは住民参画の程度は他の米国内の同規模の都市とさして違いはなかった。ところが 1990 年代に入るとポートランド市及びその周辺地域での住民参画のデータが軒並み米国の他都市の 2 倍から 4 倍の高さとなった。例えば 1974 年の調査では、過去 1 年以内に少なくとも 1 回は地方自治体や学校区等の公聴

会に参加したと回答した住民はポートランドで約21％で、同規模の他都市の22％とさほど変りは無かった。ところが1990年の初頭に同様のデータを取ったところ他都市は11％にまで下がっているにもかかわらず、ポートランドでは35％近くにまで上がっていた。近年では、住民参画の度合いを測る指標の一つでもあるボランティア率を見ると2013年時点の統計ではポートランド住民の34.1％がボランティア活動に携わり、全米50州の中では第10位となっている[3]。

なぜポートランドでは住民が積極的に住み易いまちづくりのための活動に携わり、行政に参画するのか？ Hovey（2003）はポートランドの住民が住みたいまちの理想像を公に共有しあう「話し合いの場」(discursive space)を巧みにつくり上げてきた事が一つの要因であると主張している。本章ではポートランドにおける、住民参画と住み易いまちづくりの下地とも言える話し合いの場作りへの取り組みを紹介する。

2. 「話し合いの場」の制度化

2.1 ネイバーフッド制度

ポートランドではネイバーフッド（Neighborhood）が住民同士また住民と行政の話し合いの場となり、住民活動の基盤として機能している。ネイバーフッドとは広義には地域住民が居住する近隣地域を意味する。米国では1970年代の初頭より、ポートランド市以外でも、オハイオ州デイトン市、ミネソタ州セントポール市等で地方自治体が住民を行政の意思決定プロセスに積極的に住民を巻き込むための地縁組織の基盤としてネイバーフッドが活用されてきた（Leighninger 2008）。ポートランドでは1974年にネイバーフッド・アソシエーション[4]制度が条例により公式の住民活動組織として設立され、この制度のサポートをするための部局として市役所内にオフィス・オブ・ネイバーフッド・アソシエーション（Office of Neighborhood Associations 略称ONA）が設立された。ネイバーフッド・アソシエーション制度設立前のポートランドは他の都市と同様、住民活動や住民の行政への参画への

関心はそれ程高くなかったようだが、制度設立以降、住民が地域の課題を取り上げ、行政や他の住民と話し合いを行う場としてネイバーフッド・アソシエーションが活用され、住民参画が活発になっていった（Leistner 2013）。また行政組織である ONA は住民活動や住民参画のサポートをしながら、話し合いの場での様々な対立を調整する役割を担ってきた（Witt 2004）。

現在、ポートランド市には 95 のネイバーフッド・アソシエーションがあり、これらのネイバーフッド・アソシエーションは七つあるネイバーフッド地区協議会（Neighborhood Coalition）のどれか一つに属している。ネイバーフッド地区協議会は地区事務所を持ち、域内のネイバーフッド・アソシエーションに対し活動の支援や技術供与等を行っている。七つある地区協議会のうち五つは独立した NPO 組織で、域内のネイバーフッド・アソシエーションの代表者からなる理事会により運営されている。残りの二つの地区協議会はポートランド市役所の職員が直接事務運営に携わっている。ONA は 1998 年にオフィス・オブ・ネイバーフッド・インボルブメント（Office of Neighborhood Involvement 略称 ONI）と改名され、現在、地区協議会の運営費は ONI が負担している（De Morris & Leistner 2009）。

以下、ポートランドにおけるネイバーフッド制度設立の経緯を年代を追って紹介する。

2.2 ネイバーフッド制度設立当初（1950 年代～ 1970 年代）

ポートランドの都市計画史の研究者である Abbot（1983）は 1957 年から 1967 年ごろまでは土地利用計画や経済開発計画といった、行政の政策策定の論議に住民の意見が問われることはほとんど無かったと述べている。当時はまちづくり計画や施策は市役所の専門職員が、議員や市職員を対象に策定するのが通常であった。しかし、1960 年代後半から 1970 年代前半にかけて時代の風潮が変り始めた。市役所主導の経済開発計画や地域再開発計画等に対し住民が反対の声を挙げ始めた。また、1969 年から 1970 年にかけてポートランド市議会議員の世代交代があり、住民の声を尊重する立場をとる議員が議会の趨勢を握り、加えて連邦政府からの助成金を受けて行われるコ

ミュニティ開発や住宅建設関連事業等では住民の意見を問うことが奨励され、住民参画への機運が盛り上がり始めた（Abbott 1983）。

　1970 年代の初頭に総合病院や高速道路の建設等の再開発計画が次々と住民の反対運動で暗礁に乗り上げ、ポートランド市役所の開発担当部署は開発事業のやり方を見直す必要性に迫られた。住民がこうした開発事業に反対する一つの要因は事前に住民に十分事業内容を共有していなかったこと、また市職員の中に住民を計画作りのプロセスで巻き込み、調整を図る能力を持った人材が無いこと、等の反省を踏まえ、1971 年に地域の住民グループと市役所の意思疎通を図るための方策を考えるタスク・フォースが作られた。翌 1972 年にタスク・フォースはまちづくり計画のための組織として、ネイバーフッドとネイバーフッドを越えた広範な地区（District）の 2 層の組織を作ることを提案した。1973 年には住民活動を積極的に支持する新市長 Neil Goldschmidt が就任し、市役所内にネイバーフッドの住民活動の支援や調整をするための部署を設けることがタスクフォースの提案に加えられた（Adler & Blake 1990）。タスク・フォースの提案はネイバーフッドの住民や住民活動のリーダー等に提示され、検討された。その結果、ネイバーフッド活動の住民リーダーから地区（District）レベルの組織をつくることに強い反対が出た。提案では地区（District）レベルの組織は正規の市役所職員がスタッフとして配され、ネイバーフッドの取りまとめ等をする、という位置づけになっており、ネイバーフッドの住民は地区（District）レベルの組織はネイバーフッドと市役所・議会との間に入る余計な官僚組織になるというのが反対の主たる理由であった。最終的に 1974 年 2 月 7 日に地区（District）レベルの組織を含まない、ネイバーフッド・アソシエーションと ONA の設立が条例で認められた（Leistner 2013）。

　こうして 1974 年の条例でネイバーフッド制度が発足したが、この制度が住民の話し合いの場として機能するようにするため、以後、40 年近くたゆみない努力と試行錯誤がポートランドの住民と行政の両者によってなされて来ている。制度発足直後の ONA は住民からは市役所が行政の権威をかざしてネイバーフッドを仕切ろうとしているのではないかと不信の目で見られ、

一方、議会や役所内の他部門の行政職員からはこうした新しい制度をつくってまで行政の意思決定にネイバーフッドの住民を巻き込む必要性が本当にあるのかと疑念の対象とされ、住民と行政の双方からの風当たりがきつく、両者からの信頼を取り付けるのに苦労した。

　ネイバーフッド制度を設立した1974年の条例は早くもその1年後の1975年に改正され、制度全体の改良のための措置が取られた。1974年の条例はネイバーフッドの組織化をする際の制限がありすぎて柔軟性にかけると言う住民の声に対応して、1975年の条例改正ではネイバーフッド・アソシエーションの会員資格や境界線設定に対する規定を緩和し、ネイバーフッド・アソシエーション設立に必要な手続きも簡素化された。また、議会からの懸念の声に応えるために1975年の改正条例ではネイバーフッド・アソシエーションの説明責任（アカウンタビリティ）やONAの機能と責任範囲を明確化した。公式な地区（District）レベルの組織の設立は1974年、1975年の両条例に盛り込まれなかったものの、1975年の条例でONAにネイバーフッド・アソシエーション以外にも地域ベースの住民組織への資金供与をする権限が与えられたため、ネイバーフッド制度が設立される以前から活動を行っていた地区（District）レベルの組織は実質ONAとネイバーフッド・アソシエーションのつなぎ役としての機能を持つ組織としてその存在意義が正式に認められることになった（Leistner 2013）。

　こうして、スタートを切ったネイバーフッド制度だが、一般住民からネイバーフッド・アソシエーションが一部の利益団体の傀儡と化しており、質の高い民主的な住民参画のための制度としての機能を果たしていないという批判の声が相次ぎ出たため、ONAの担当コミッショナーのCharles Jordanの命で1979年にONA調査委員会（ONA Review Committee）が設立され、ONA及びネイバーフッド・アソシエーションの調査が実施された。委員会の調査の結果、ネイバーフッド・アソシエーション運営の透明性と正当性に特に問題はみつからず、明らかになったのは、ネイバーフッド・アソシエーションがより有効に活用されるようになるには、関係者の教育・訓練を充実させ、住民との情報共有機能を高めるための印刷物や通信費等を供与し、組

織としての活動をして行く上での様々なサポートが必要であるということであった(Leistner 2013)。

2.3　1980年代―反対圧力と発展

　1980年代の初頭、ネイバーフッド制度に対する圧力は、制度に対して不信感を持つ一部の住民からだけでなく、政治のトップからもかかった。1981年に市長に当選したFrank Ivancieは民主党保守派で住民参画活動の推進には消極的で、ONAの地区(District)レベルの組織への資金供与権をなくすことでONAの予算と事業数を減らそうとした。こうした政治的圧力に対し、ONAはネイバーフッド・アソシエーションの住民や活動家の支持を取り付けることで対抗し、何とか予算規模の縮小は防いだ。また、ネイバーフッド制度とONAの正当性を高め、行政組織内での位置づけを強固にし、住民参画のための話し合いの場を確保するため、1987年にONAガイドラインを策定した(Witt 2004)。

　1984年の市長選挙で、政治にはまったくの素人の居酒屋経営者Bud Clarkがリベラルな「民衆候補」を看板に、保守的なFrank Ivancieの対抗馬として担ぎ出され、当選した。Clark市長は住民参画運動推進に積極的でネイバーフッド制度を強く支持した。ネイバーフッド・アソシエーションとその活動に携わる住民ボランティアに対する一般の認識を高める目的で「ネイバーフッド感謝ウィーク」等を開催し、ネイバーフッドの活動に貢献した住民や団体を表彰する「スピリット・オブ・ポートランド賞」等をつくり、広くネイバーフッド・アソシエーションの活動を推奨した(Leistner 2013)。また、ちょうどこうした住民参画、ネイバーフッド活動への機運が高まっている頃、タフツ大学の研究者Jeffry Berry、Kent Portney及びKen Thomsonらが全米各地のコミュニティやネイバーフッドにおける住民活動の研究対象にポートランド市を選び、ポートランド市を「参画型民主主義を実現している全米で最も優れた市」と評し、ポートランドのネイバーフッド活動に注目が集まった(Berry, Portney & Thomson 1993)。

2.4　1990年代―葛藤と見直し

　1990年代はポートランドの住民参画とネイバーフッド活動が低速化し、ネイバーフッド制度の見直し、改革がなされた時代であった(Witt 2004)。ポートランド市役所内の部署間の予算の取り合いや、組織変更、またネイバーフッド間の対立など様々な問題が噴出する中、ネイバーフッド・アソシエーションとONAをより有益な住民参画の機構にしていくために制度の見直しが迫られた。1994年にはONA Task Force on Neighborhood Involvement (TFNI)がつくられ、2年余かけて現行のネイバーフッド制度とONAの有効性を評価するための調査が行われ、1996年に報告書が市議会に提出された。また、TFNIは「住民参画」の概念を定義し、ポートランド市として準拠すべき「住民参画推進のためのフレームワーク」(Framework for Citizen Involvement)を提案し、ONAのスタッフの協力の下、「アウトリーチと住民の巻き込みを計るためのハンドブック」(Outreach and Involvement Handbook)をまとめて、報告書と共に市議会に提出した。

　TFNIの報告書に盛り込まれた提案に基づき1998年にONAガイドラインが改正され、同時にOffice of Neighborhood Associations (ONA)からOffice of Neighborhood Involvement (ONI)へと名称が改められた(Leistner 2013)。ガイドライン[5]の主要な改正点としては従来のネイバーフッド・アソシエーションに加えてビジネス・ディストリクト・アソシエーション[6]及び民族ベースのコミュニティ組織もONIの認可組織の対象となり、ONIから情報を受け、ONIの関連組織名簿に記載され、その他ONIからの支援を受ける資格があるものとなった。また新ガイドラインでは地区(District)レベルの組織として地区協議会が独自の運営方針を選べる等の柔軟性が加えられた(Leistner 2013)。

2.5　2000年代―低迷からの盛り返し

　こうした改革の努力にもかかわらず、2000年代の前半、ネイバーフッドやコミュニティの活動は相変わらず低迷し続けた。2000年に市行政の効率性を評価するAdministrative Services Review (ASR)が行われ、活発な住民参

画活動を継続し、有効なものにするために行政内部で力を入れていくべき領域が明確にされたが、市議会は ONI にそれらを実行するのに十分な予算をつけず、ONI は ASR の提案事項の多くを実行できない状況が続いた。当時の市長 Vera Katz をはじめ、ONI 担当のコミッショナーの Dan Saltzman も住民主体のネイバーフッド活動にはあまり関心がなく、ネイバーフッドと地区協議会の権限を弱め、ONI を中心とした市役所によるコントロールを強めるような改革案が提示され、ネイバーフッド組織や住民活動家と行政との間の対立が深まった。その後、Katz 市長は Jim Francesconi を ONI の担当コミッショナーに変えたが 6 ヶ月後、別のコミッショナー Randy Leonard に担当をまた変更した。Leonard コミッショナーは今までの担当コミッショナー達以上に権威主義的なアプローチで、一方的にネイバーフッド制度と ONI の改革を試み、ONI の機能の中心をコミュニティの支援からネイバーフッド制度を活用した行政サービスの提供へと移そうとし、住民から反感を買い、ネイバーフッドやコミュニティと市役所との関係は更に悪化した（De Morris & Leistner 2009）。

　2005 年に Tom Potter が市長に就任し、市役所のネイバーフッド制度や住民参画活動に対する風向きが大きく変った。Potter 市長は市政は市役所と住民の協働で行うべきであるという信念を標榜し、ネイバーフッド制度や住民参画活動支援のための予算を拡充し、多くの住民参画関連プログラムを実行に移した。また、歴史的に抑圧されてきた少数民族、移民、難民等の声を市政に取り入れることの必要性を強く主張した。Potter 市長の命を受け、民族的にも多様な経歴を持つ 18 名の住民ボランティアからなる委員会が設立され、住民参画を奨励し住民活動を活発にするための新たな方策を探るための Community Connect というプロセスが始まった。Community Connect では様々な手段を用い幅広い住民層から意見収集をする努力がなされ、2008 年に「コミュニティ参加を推進するための 5 ヵ年計画」(The Five Year Plan to Increase Community Involvement) が市議会に提出された。Community Connect の主な提言は (1) 住民活動に参加する住民の多様性を高める努力をする事、(2) 様々なレベルのコミュニティの底力を高めるための支援を行う事、

(3) 行政・公共政策の意思決定の中でのコミュニティの意見の活用を図る事、等である (De Morris & Leistner 2009)。

　Community Connect の出した5ヵ年計画に従い、ポートランド市は住民参画のための予算を拡充し、ネイバーフッド制度を強化するための措置をとり、従来住民活動や行政に関わってこなかったタイプの住民への呼びかけを強化し、少数民族、移民、難民らの中の市民リーダーを育てるための養成プログラムを創設する等の新しい取り組みを発足させた (De Morris & Leistner 2009)。Potter 市長政権になってからのポートランドのネイバーフッド制度、住民参画活動、また行政と住民の関わり方の中には1998年に TFNI の提出した報告書、「住民参画推進のためのフレームワーク」、「アウトリーチと住民の巻き込みを計るためのハンドブック」等で提唱されていた住民参画の理念が根底で流れ続け、2005年以降になってようやく具体的な取り組みがなされるようになったかのように見受けられる。

　Potter 市長はまたコミュニティが主導し、行政がサポートする形での大規模な市のビジョンづくりをする visionPDX を実施する。Potter 市長の後、2009年に市長になった Sam Adams は Potter 市長と同様、住民参画活動に積極的で、visionPDX の次のステップとして、Portland Plan といわれる戦略計画を大掛かりな住民参画のプロセスを経て策定した。2013年に就任した Charlie Hales 市長は 1995–1996 年の TFNI 当時の ONA 担当コミッショナーでネイバーフッド制度について精通していた。現在、ポートランド市は 2016 年 12 月迄市長職を務めた Hales 市長のもと住民が visionPDX で表明したポートランドの長期ビジョンと Portland Plan でたてた戦略計画を具体的な経済開発・土地利用計画に反映する総合計画の改訂及び実施作業に入っている。visionPDX、Portland Plan、総合計画改訂等、いずれのプロジェクトにおいても、ネイバーフッド・アソシエーションやそのほかのコミュニティ団体等が十分に話し合いの場を提供し、住民の意見を反映したまちづくりへの努力がなされている。

2.6 「話し合いの場」制度化の変遷からの教訓

　1970 年代にはじまったポートランド市のネイバーフッド制度の設立から、2000 年代にかけて地縁のネイバーフッドを越えた住民の関心事項や民族的背景に基づいたコミュニティ組織を使った話し合いの場の制度化の取り組みを振り返ってみると、その道のりは決して平坦なものではなかったことが良くわかる。その中から次のような教訓が見出される。

1）制度の見直しと改善を繰り返す

ポートランド市ではネイバーフッド制度が設立されて以来、何度にも亘ってネイバーフッド制度と行政内の担当部署である ONA/ONI の見直しがなされて来た。ほとんどの見直しは住民や行政内部から出てきた批判や懸念に対応するための守りの態勢での措置ではあったが、その都度、問題点を改善し、制度の強化に努めてきた。こうした見直しと改善の繰り返しが長期的にはネイバーフッド制度と ONA/ONI を使った話し合いの場の確立に繋がっていったと考えられる。

2）政治的リーダーシップの支持を得る

ネイバーフッド制度と ONA/ONI の変遷を見ると、特に市長と担当コミッショナーの支持があるか無いかがその成果に大きく影響していることがわかる。住民活動に積極的な Goldschmidt 市長によって制度がスタートし、その後、Clark 市長、Potter 市長、Adams 市長、そして近年の Hales 市長等ネイバーフッド制度と ONA/ONI を支持する市長が現れたことで制度がより強固なものとなっていった。一方、Ivancie 市長、Katz 市長、Saltzman コミッショナー、Leonard コミッショナー等、住民活動に関心が薄いか、また市役所のコントロール権を強化したいといった意向のある政治リーダーが市政を握っていた時代にはネイバーフッド制度と ONA/ONI の活動は低迷していた。

3）制度作りのプロセスにも住民を巻き込む

制度の見直しと改善を行っていく中で重要なのは、プロセスを透明にし、出来る限り住民の意見を取り込みながら、制度づくりをする事である。Saltzman コミッショナーや Leonard コミッショナーの失敗は行政側から一方的にネイバーフッド制度や ONA/ONI の運営方針を変更しようとして、住民の意見を十分聴かなかったことにある。一方、現在のネイバーフッド・コミュニティ活動と ONI の運営の基盤ともなっている Community Connect の報告書と提案は幅広い住民層からの代表者が多くの住民の意見を取り入れる努力を行った結果出されたもので、それに基づく方針は住民と行政の両者がその正当性を認め、賛同が得られている。

4）制度への投資を行う

当然の事ではあるが、良い制度をつくり、維持していくためにはそれなりの人的、物理的、金銭的な投資が必要となってくる。先述のリーダーシップの支持が重要なのも、市長や議会等の政治的リーダーが支持をしていないと制度に対する予算もなかなかつき辛く、投資が行われないからである。

5）制度を活用して意義ある話し合いを行い、その結果を市政に反映する

ネイバーフッド制度と ONA/ONI に対し、住民や行政内部から出る批判に二種類ある。一つは制度が本当に住民の声を広く反映し、意味のある話し合いの場となっておらず、一部の声の大きな住民のみが参加する場になっているのではないかと言う疑念。もう一つは、制度を使って住民が話し合いをし、意思表明したにもかかわらずその声がちゃんと市政に反映されていないという不満である。Community Connect の報告書にもこの点は指摘されており、ポートランド市は visionPDX、Portland Plan、総合計画の改訂プロセス等において、幅広く住民の声を聞く努力をし、また住民へのフィードバックにも力を注いでいる。

6）住民参画と話し合いをするための原則を明確にする

1996 年の TFNI の報告書に始まり、ポートランド市は長年に亘って「住民参画」の概念を定義し、住民が話し合いをする際の基本原則を明確にする努力を続けている。こうした話し合いをする上での原則を明文化していくことで、作り上げてきた制度をより意義ある話し合いの場とする事ができると考える。次節ではポートランド市の「住民参画原則」について述べる。

2.7　行政と住民の間の話し合いのための原則の確立

　ポートランドの住民と行政は住民活動を推進していく中で、ネイバーフッド・アソシエーションや民族ベースのコミュニティ組織等を住民の話し合いの場の制度として設けた上で、そうした場においていかに話し合いをしていくかを考えていく必要があると認識し、質の高い話し合いをして住民参画を確立するための原則づくりのための努力が積み重ねられた。

　1996 年に ONA の Task Force on Neighborhood Involvement (TFNI) が報告書と共に出した「住民参画推進のためのフレームワーク」中では、「互いに敬意を持って話し合いに臨み、問題の解決に精力を注ぐこと」「話し合いの結果、勝者と敗者が出ないよう、誰もが勝者になるような問題解決の方策を考えること」「敵対的にならないこと」「意見の相違を効果的に話し合う機会を設けること」「誰をも包摂的に受け入れ、互いに誠意を持って適切に対応すること」等といった話し合いの場での心構えなどにも言及されている。

　2004 年には Public Involvement Task Force (PITF) によって「良き住民参画の原則」(Principles of Good Public Involvement) が提示され、これらの原則をベースに 2008 年に設立された Public Involvement Advisory Council (PIAC) は「住民参画原則」(Public Involvement Principles)[7] を市議会に提案し、2010 年にはポートランド市の公式「住民参画原則」が採択された (Leistner 2013)。

　この 2010 年の「住民参画原則」はまず前文で市役所と住民コミュニティのパートナーシップの重要性を強調し、効果的な住民参画なしでこのパートナーシップは維持できないとし、効果的な住民参画を確立することで市内の

多様なコミュニティの持つエネルギーを活用し、市政への住民の理解を深め、行政の正当性を高めることができると述べている。またこの前文で「住民参画原則」は市役所の各部局をがんじがらめに縛ることなく、同時に住民が行政に何が期待できるのかを明確にするのが目的であるとしている。

「住民参画原則」は下記の七つの項目からなっている。

1）行政と住民のパートナーシップ

コミュニティの住民は、自らが影響を受けるような政策事項に関しては、その意思決定に関与する権利がある。従って、住民は政策審議の場に参画し、政策の方向性に実質的な影響を及ぼし、また自らの意見が政策決定に最終的にどう反映されたかを知る事が出来なければならない。住民はまた行政に対し新規プロジェクトを提案したり、コミュニティの問題事項の検討を依頼する事が出来る。

2）早期段階からの参画

市の政策、施策、プロジェクト等において、早い段階から住民の参画を募り、課題定義、コンセプトづくり、設計、実施等すべての段階で住民の意見を取り入れる。

3）信頼関係の構築

行政は住民やコミュニティの関係者と長期的な協力関係をつくり、互いから学び合う姿勢で信頼関係を構築する為の努力をしなければはならない。

4）包摂性と公正性

コミュニティ住民の話し合いと意思決定の場に参画する人々が偏らないよう、多様な社会的・文化的背景を持つ人々に働きかけ、話し合いの場への参画を推奨しなければならない。また、話し合いの場では参加者それぞれの多様な価値観や知識を尊重しなければならない。歴史的に従来、排除されてきた人々も話し合いの場では真摯に包摂的に受け入れていかねばならない。ま

た政策のコストと結果の両方がすべての住民に平等で公正に分配されるよう配慮がなされなければならない。

5) 質の高いプロセスの選択
住民参画のプロセスやそこで用いられるテクニックは政策やプロジェクトの規模、特徴、また意図した結果によって適切に選ばれなければならない。また、状況やニーズが変われば、プロセス自体も柔軟に変えていかなければならない。

6) 透明性
政策決定のプロセスは住民が参画しやすく、オープンで、わかりやすいものでなくてはならない。住民が効果的に参画できるよう、必要な情報は事前に時間的余裕を持って共有しなければならない。

7) 住民参画促進の責任所在
意義ある住民参画を確立していく責任所在は市長や議員等、市政のリーダー及び市職員にある。

　こうしてつくり上げられた「住民参画原則」が有形無実なものとならないよう、Public Involvement Advisory Council (PIAC) はそれぞれの原則毎に成功の尺度を設け、原則が守られた結果、期待できる住民参画と話し合いの姿を具体的に表示した。また、PIACは2009年から2012年までにかけてつくられたポートランド市の戦略計画Portland Plan策定プロセスにおいて、この「住民参画原則」にもとづいた目標を定め、2010年には「Portland Plan 市民参加中間報告書」[8]を出し、その後の総合計画改定に先立ち「コミュニティ参画推進計画」(Comprehensive Plan Update Community Involvement Plan)[9]を出す等、行政と住民との間の話し合いが意義あるものとなるように、「住民参画原則」実行のための監視・評価を継続して行っている。

3. 話し合いの場に臨む職員の姿勢と力量

　話し合いの場を社会の仕組みの中に定着させていくための制度としてポートランドではネイバーフッド・アソシエーションや行政側の機構としてONI/ONAを設け、話し合いの場を有効に活用していくための原則をつくって来た。これらはいわば話し合いの場のハード面づくりのための取組みであるが、こうしたハード面が機能していくためにはソフト面で行政職員の力量の充実も図らなければならない。本節では著者が2004年より東京財団主催でおこなってきた市区町村職員の人材養成を目的とした東京財団週末学校のポートランドプログラム[10]において2015年8月にパネル発表をお願いした下記のポートランド市職員およびネイバーフッド活動家の発言を基に、話し合いの場に望む行政職員の姿勢と力量についてまとめる。

・Paul Leistner, Neighborhood Program Coordinator, Office of Neighborhood Invovlement (ONI), ポートランド市職員
・Jeri Jimenez, Program Coordinator, Diversity and Civic Leadership Program, ONI, ポートランド市職員
・Deb Stein, Principle Planner, Bureau of Planning and Sustainability, ポートランド市職員
・Sara Wright, Comprehensive Plan Update, Bureau of Planning and Sustainability, ポートランド市職員
・Dan Vizzini, 元ポートランド市職員
・Alison Stoll, Coalition Director, Central Northeast Neighbors, ネイバーフッド活動家
・Sylvia Bogert, Executive Director, Southwest Neighborhoods Inc., ネイバーフッド活動家
・Linda Nettekoven, Public Involvement Committee member, ネイバーフッド活動家

3.1 話し合いの場を有益なものにするために必要な行政職員の姿勢

上記のポートランド市職員およびネイバーフッド活動家のパネリストは住民を巻き込み、話し合いの場を有益なものにするために必要な行政職員の姿勢として次の3点を挙げた。

1）住民・コミュニティとの関係作りを重視する

パネリストほぼ全員が異口同音に強調したのは、住民・コミュニティとの話し合いの場を制度として設けることは確かに重要であるが、こうした制度が有効に活用されるためには行政職員自身が住民・コミュニティと良い関係を持ち、話し合いをしながら仕事をして行くことを重視する姿勢を持つことが何より大事であるという点である。住民・コミュニティとの関係なくしては今の時代の複雑な社会問題は行政だけでは解決できるものではない。住民・コミュニティとの関係づくりに行政は力を注がなければ何事もできない。

2）住民・コミュニティと対等なパートナーとして接する

住民・コミュニティと関わっていく上で、行政は住民・コミュニティを対等なパートナーとして接していく必要がある。Leistner 氏は従来の行政と住民・コミュニティの関係を「大人と子供の関係」と評し、その関係を「大人と大人の関係」にしなくてはいけないと強調する。そうするためには行政職員は自分たちが行政に関わることは「何でも知っている」といった意識を捨てないといけないと Jimenez 氏は言う。住民・コミュニティに既にある知識やノウハウの集積を尊重・動員し、より有効なまちづくりをしていくサポートをするのが行政職員の役割である。

3）多様な住民・コミュニティの声に耳を傾ける

Vizzini 氏は行政職員は常に話し合いの場に誰がいないかに気を配り、その場にいない人々の声をどうやって汲み取るかを考えないといけないという。ポートランド市は従来、中産階級の白人が話し合いの場では大多数を占めていた。2000年以降、少数派民族、移民、難民等の民族的多様性が話し合い

の場で重要であることが認識され、彼らを巻き込むための努力がなされ始めた(Jimenez & Stein による)。また障害者、老人、未成年の若者、従来話し合いの場にあまり出てこなかった人々に耳を傾けることの重要性が認識し始められた(Leistner による)。

3.2　話し合いの場を有益なものにするために必要とされる行政職員の力量

住民・コミュニティと対等の関係を築き、より有益な話し合いの場をつくるために行政職員はどうするべきか？　パネリストの方々が挙げた提案は下記の通りである。

1）住民・コミュニティを知る

コミュニティにどういう人材があり、どういった知識やノウハウの蓄積があり、どういう課題やニーズがあり、何を理想としているのか等を行政職員は知る努力をする必要がある。また、どうすれば住民・コミュニティが行政と関わっていく上で必要なスキルや知識を高めることが出来るかを見極めるのも重要である。そうする事で住民・コミュニティにどの様なサポートを提供すれば、住民・コミュニティの底力を高めることが出来るかがわかるようになる。また住民・コミュニティを知ることで、共通の関心事を持つ住民・コミュニティの繋ぎ役となり、行政のよきパートナーのネットワークを広げることが出来る。

2）住民・コミュニティの中に入っていく

住民・コミュニティを知るためには、住民やコミュニティのメンバーに行政側が準備した場所に来てもらうのではなく、行政職員自らが住民やコミュニティのメンバーが集まる場に出向いていく必要がある。こちらから出向いていくということはまた住民・コミュニティに対して敬意を持って接しているという意思表示ともなり、住民・コミュニティからの信頼を高めることになる。

3）失敗を恐れず、失敗を教訓にする

住民・コミュニティと関わっていくプロセスの中では誰もが失敗をするものである。失敗を恐れていては、住民・コミュニティを知ることは出来ず、関係も築けない。失敗を恐れず、とにかく良いと思うことをやってみることである。重要なのは失敗をしたらその失敗を教訓にし、同じ失敗を繰り返さないようにする努力を重ねることである。

4）オープンに、正直に住民・コミュニティと接する

情報は互いにオープンに、正直に共有することが信頼性の確立に繋がる。住民・コミュニティが成功するためには、彼らが成し遂げたいと思う事柄が現実的で実行可能なものでなければならず、そうするためにな話し合いの場において、行政としても出来ること、出来ないことを誠実に共有し、互いに納得いく目標設定が出来なくてはならない。

5）住民・コミュニティの話を聴き、行動を起こす

住民・コミュニティの声をしっかり聴き、真摯にうけとめるのがまず大事であるが、そこでとどまってはいけない。聴いた内容に対してどういった対応が出来るか、あるいは出来ないかを住民・コミュニティにフィードバックする必要がある。聴いた声にフィードバックをしっかりとし、行動を住民・コミュニティと共に起こすことで、住民・コミュニティは話し合いが意味あるものであることを実感し、より長期的な関係性の構築に繋がる。

6）行政職員としての立場だけでなく、自分の住民としての経験に照らし合わせて考え、行動する

行政職員も住民の一人であり、またコミュニティのメンバーである。行政職員としての立場だけでなく、一住民としての経験に照らし合わせて、行動を取ることで、住民・コミュニティの見解を共有することが出来る。ポートランド市ではネイバーフッドやコミュニティの活動家が転じて市職員となっているケースが多く見受けられる。それは彼らのネイバーフッドやコミュニ

ティでの経験を元に、住民・コミュニティの視点からの市の仕事に携わることが期待されているからである。

4. ポートランドが全米で最も住み易いまちと言われる理由

　ポートランドでは住民が、自分たちはこういうところに住みたいというビジョンを声に出し、行政に反映していく話し合いの場としてのネイバーフッド制度をつくり、その場を有効に活用して行く中で、住民のビジョンを反映したまちづくりがなされていった。住民と行政で話し合いの場の制度を有効に活用するための原則をつくり、多様な住民の意見をまとめ、行政と話し合いをしながらまちづくりをするスキルが住民の中でも培かわれてきた。
　一方、行政側も、形式にこだわらず、柔軟な対応をとろうとする態度があった。住民・コミュニティを話し合いの対等なパートナーと捉え、住民の意見に対して最初からだめというのではなく、何とかできないかと考える気持ちで接し、住民との関係をつくり上げる中で住民参画を奨励し、積極的に住民の意見を取り入れていく力量を付けていった。その結果が、今日ポートランドが全米で最も住み易いまちと言われるようになった理由であるように思われる。
　こうしたポートランドにおける話し合いを尊重したまちづくりへの取り組みは日本の自治体やコミュニティでも参考になるものが多くある。近年、ポートランドのまちづくりを学びに日本を始め、世界各国から多くの視察団がポートランドを訪問しているが、話し合いの結果から生じる制度やハード面での仕組みだけではなく、ポートランドの行政と住民・コミュニティが有効な話し合いをするためにおこなってきた長年の努力にも目を向けて、その過程やソフト面での教訓から、それぞれの地域や国にあった話し合いの場を設けることで、より住み易いまちづくりへの取り組みを進めてもらいたいと考える。

注

1 United States Census Bureau (2015). Retrieved from http://www.census.gov/quickfacts/ (September 2, 2015)
2 原文では"a positive epidemic of civic engagement"という表現が用いられている。本章では英文の"civic engagement"で意味する住民やコミュニティが行政や地域の活動に積極的に関わる事象を「住民活動」もしくは「住民参画」と表記する。
3 http://www.volunteeringinamerica.gov/OR
4 ネイバーフッド・アソシエーションは研究者によっては「近隣組合」「近隣組織」「ネイバーフッド団体」等とも訳されている。日本の町内会や自治会などに類似する側面もあるが、異なる点も多いため、混乱を避けるため、本章ではあえてカタカナ表記とする。
5 https://www.portlandoregon.gov/oni/38586
6 ポートランド市内には約50のビジネス・ディストリクト（商業地区）として指定されている地区がある。それぞれのビジネス・ディストリクト内の企業や商店等がビジネス・ディストリクト団体をつくり、規模や活動内容などでポートランド市が定める条件を満たせば、ビジネス・ディストリクト・アソシエーションとして市に認定され、ONI等の支援を受けることができる。ビジネス・ディストリクト・アソシエーションはネイバーフッド・アソシエーションと共にポートランドの住民参画やまちづくりへの取り組みに大きな役割を担っている。
7 http://www.portlandonline.com/auditor/index.cfm?&a=339046&c=26885
8 http://www.portlandonline.com/portlandplan/index.cfm?a=288933&c=52315
9 https://www.portlandoregon.gov/bps/article/451620
10 http://www.pdx.edu/japan-gov-training/about-jalogoma-0

参考文献

ソトコト（2014）「クリエイティブシティのコミュニティデザイン術」『ソトコト―特集ポートランド＆ニューヨークのまちづくり』No. 185, 木楽舎

Abbott, Carl. (1983) *Portland: Planning Politics, and Growth in a Twentieth-Century City Lincoln*, NE: University of Nebraska Pres.

Adler, Sy., & Blake, Gerald. F. (1990) The Effects of a Formal Citizen Participation Program on Involvement in the Planning Process: A Case Study of Portland, Oregon. *State & Local Government Review*, 22(1): pp. 37–43. doi:10.2307/4354975

Berry, Jeffry., Portney, Kent., & Thomson, Ken. (1993) *The Rebirth of Urban Democracy*, Washington DC: The Brookings Institution.

Bridge Lab (2015)『True Portland—The unofficial guide for creaive people 創造都市ポートランドガイド Annual 2015』黒崎輝男（監修）メディアサーフコミュニケーションズ

De Morris, Amalia. A., & Leistner, Paul R. (2009) From neighborhood association system to participatory democracy: Broadening and deepening public involvement in Portland, Oregon. *National Civic Review*, 98(2): pp. 47–55. doi:10.1002/ncr.252

Hovey, Bradshaw. (2003) Making the Portland way of planning: the structural power of language. *Journal of Planning History*, 2(2): pp. 140–174.

Johnson, Steven. R. (2004) The myth and reality of Portland's engaged citizenry and process-oriented governance. *The Portland edge: Challenges and successes in growing communities*, pp. 102–117.

Leighninger, Matthew. (2008) *The promise and challenge of neighborhood democracy*. Retrieved from http://legacy.oise.utoronto.ca/research/edu20/courses/documents/PromiseandChallengeofNeighborhoodDemocracy.pdf

Leistner, Paul R. (2013) *The Dynamics of Creating Strong Democracy in Portland, Oregon – 1974 to 2013*, US: Portland State University.

Portland. Office of the City Auditor. *Drafting Manual: Ordinances, Resolutions, Reports*, May 2013 1–2.

Putnam, Robert. D., Feldstein, Lewis., & Cohen, Donald. J. (2004) *Better together: Restoring the American community*, NY: Simon and Schuster.

Witt, Matthew. (2004) Dialectics of Control: The Origins and Evolution of Conflict in Portland's Neighbourhood Association Program. *The Portland edge: Challenges and successes in growing communities*, pp. 102–117.

執筆者紹介(論文掲載順)

福元和人(ふくもと　かずと)

メドラボ代表
(主要作品)語るためのカードセット『カタルタ®』シリーズ(メドラボ、2012 年–2016 年)。

高梨克也(たかなし　かつや)

京都大学大学院情報学研究科研究員・一般社団法人社会対話技術研究所理事
(主著・主論文)『多人数インタラクションの分析手法』(共編著、オーム社、2009 年)、『インタラクションの境界と接続―サル・人・会話研究から』(共編著、昭和堂、2010 年)、『基礎から分かる会話コミュニケーションの分析法』(ナカニシヤ出版、2016 年)、「双方向コミュニケーションでは誰が誰に話すのか―サイエンスカフェにおける科学者のコミュニケーションスキルのビデオ分析」『科学技術コミュニケーション』(11)(共著、北海道大学高等教育推進機構高等教育研究部科学技術コミュニケーション教育研究部門(CoSTEP)、2012 年)。

森本郁代(もりもと　いくよ)

関西学院大学法学部／言語コミュニケーション文化研究科教授
(主著・主論文)"How Do Ordinary Japanese Reach Consensus in Group Decision Making?: Identifying and Analyzing "Naïve Negotiation"" *Group Decision and Negotiation* 15(共著、Springer、2006 年)、「コミュニケーションの観点から見た裁判員制度における評議―「市民と専門家との協働の場」としての評議を目指して」『刑法雑誌』(日本刑法学会、2007 年)『自律型対話プログラムの開発と実践』(共編著、ナカニシヤ出版、2012 年)、『裁判員裁判の評議デザイン―市民の知が活きる裁判をめざして』(共著、日本評論社、2015 年)。

唐木清志(からき　きよし)

筑波大学人間系准教授

(主著)『アメリカ公民教育におけるサービス・ラーニング』(東信堂、2010年)、『社会参画と社会科教育の創造』(共著、学文社、2010年)、『シティズンシップ教育で創る学校の未来』(共著、東洋館出版社、2015年)、『「公民的資質」とは何か―社会科の過去・現在・未来を探る』(編著、東洋館出版社、2016年)。

森篤嗣(もり　あつし)

帝塚山大学現代生活学部教授

(主著)『日本語教育文法のための多様なアプローチ』(共編著、ひつじ書房、2011年)、『授業を変えるコトバとワザ』(くろしお出版、2013年)、『ニーズを踏まえた語彙シラバス』(編著、くろしお出版、2016年)。

井関崇博(いせき　たかひろ)

兵庫県立大学環境人間学部准教授

(主著・主論文)「地域イノベーションのプロセスに関する研究」『兵庫県立大学環境人間学部研究報告』(19)(兵庫県立大学、2017年)、「〈みんなではじめる〉ためのコミュニケーション・デザイン」『持続可能な地域実現と大学の役割（地域公共人材叢書第3期)』(共著、日本評論社、2014年)。

三上直之(みかみ　なおゆき)

北海道大学高等教育推進機構准教授

(主著・主論文)『地域環境の再生と円卓会議―東京湾三番瀬を事例として』(日本評論社、2009年)、『萌芽的科学技術と市民―フードナノテクからの問い』(共編著、日本経済評論社、2013年)、"Public Participation in Decision-making on Energy Policy: The Case of the 'National Discussion' after the Fukushima Accident" in Yuko Fujigaki (ed.) *Lessons From Fukushima: Japanese Case Studies on Science, Technology and Society* (Springer、2015年)。

馬場健司（ばば　けんし）

東京都市大学環境学部教授

（主著・主論文）"Chapter 24 Asia" *IPCC 5th Assessment Report*, *WGII*（執筆協力者、Intergovernmental Panel on Climate Change、2014 年）、"Challenges of Implementing Climate Change Adaptation Policy for Disaster Risk Reduction-implications from Framing Gap among Stakeholders and the General Public ?" *Journal of Disaster Research* 10(3)（Fuji Technology Press、2015 年）、"Consensus Building for Long-term Sustainability in the Non-North American Context: Reflecting on a Stakeholder Process in Japan" *Negotiation and Conflict Management Research* 9(3)（Wiley、2016 年）、『気候変動下の水・土砂災害適応策―社会実装に向けて』（編著、近代科学社、2016 年）他。

高津宏明（たかつ　ひろあき）

東京大学大学院公共政策学教育部修了生

（主論文）「オンライン熟議実験を用いた木質バイオマスの利活用を巡るステークホルダーの態度変容分析」『土木学会論文集 G（環境）』71(5)（土木学会、2015 年）、「地熱資源をめぐる発電と温泉利用の共生に向けたステークホルダー分析―大分県別府市の事例」『環境科学会誌』28(4)（環境科学会、2015 年）他。

西芝雅美（にししば　まさみ）

ポートランド州立大学行政学部准教授

（主著・主論文）*Culturally Mindful Communication: Essential Skills for Public and Nonprofit Professionals*（Routledge、2017 年）、*Research Methods and Statistics for Public and Nonprofit Administrators: A Practical Guide*（共著、Sage、2013 年）、"Local Government Diversity Initiatives in Oregon: An Exploratory Study" *State and Local Government Review* 44(1)（Sage、2012 年）、"The Concept of Trustworthiness: A Cross-Cultural Comparison Between Japanese and U.S. Business People" *Journal of Applied Communication Research* 28(4)（共著、Taylor and Francis、2000 年）。

座談会参加者(五十音順)

佐野亘(さの　わたる)

京都大学大学院地球環境学堂教授
(主著・主論文)『公共政策規範』(ミネルヴァ書房、2010年)、「民主主義を支える市民教育のあり方―よき市民になるための条件とは」『持続可能な未来のための民主主義』(ミネルヴァ書房、2009年)、「規範的政策分析の確立に向けて」『公共政策研究』(13)(日本公共政策学会、2013年)。

松本功(まつもと　いさお)

株式会社ひつじ書房代表取締役社長・編集長
(主著)『ルネッサンスパブリッシャー宣言』(ひつじ書房、1999年)、『税金を使う図書館から税金を作る図書館へ』(ひつじ書房、2002年)、『市民の日本語へ』(共著、ひつじ書房、2015年)。

村田和代(むらた　かずよ)(編者)

龍谷大学政策学部教授
(主著・主論文)"An Empirical Cross-cultural Study of Humour in Business Meetings in New Zealand and Japan" *Journal of Pragmatics* 60(Elsevier、2014年)、*Relational Practice in Meeting Discourse in New Zealand and Japan*(ひつじ書房、2015年)、『共生の言語学』(編著、ひつじ書房、2015年)、『雑談の美学』(共編著、ひつじ書房、2016年)、"Humor and Laughter in Japanese Business Meetings", in H. Cook and J. Shibamoto-Smith. (eds.) *Japanese at Work: Politeness, and Personae in Japanese Workplace* (Palgrave Macmillan、2017年)。

シリーズ　話し合い学をつくる　1
市民参加の話し合いを考える
Studies on 'Hanashiai' Volume 1
Exploring 'Hanashiai' in Citizen Participation
Edited by Kazuyo Murata

発行	2017 年 3 月 16 日　初版 1 刷
定価	2400 円＋税
編者	© 村田和代
発行者	松本功
装丁者	渡部文
印刷・製本所	三美印刷株式会社
発行所	株式会社 ひつじ書房
	〒 112-0011 東京都文京区千石 2-1-2　大和ビル 2 階
	Tel.03-5319-4916　Fax.03-5319-4917
	郵便振替 00120-8-142852
	toiawase@hituzi.co.jp　http://www.hituzi.co.jp/

ISBN978-4-89476-849-9

造本には充分注意しておりますが、落丁・乱丁などがございましたら、
小社かお買上げ書店にておとりかえいたします。ご意見、ご感想など、
小社までお寄せ下されば幸いです。

講座社会言語科学

各巻　定価 3,200 円 + 税

第1巻　異文化とコミュニケーション
　　　井出祥子・平賀正子編

第2巻　メディア
　　　橋元良明編

第3巻　関係とコミュニケーション
　　　大坊郁夫・永瀬治郎編

第4巻　教育・学習
　　　西原鈴子・西郡仁朗編

第5巻　社会・行動システム
　　　片桐恭弘・片岡邦好編

第6巻　方法
　　　伝康晴・田中ゆかり編

メディアとことば
各巻　定価 2,400 円＋税

1　特集：「マス」メディアのディスコース
　　三宅和子・岡本能里子・佐藤彰編

2　特集：組み込まれるオーディエンス
　　三宅和子・岡本能里子・佐藤彰編

3　特集：社会を構築することば
　　岡本能里子・佐藤彰・竹野谷みゆき編

4　特集：現在(いま)を読み解くメソドロジー
　　三宅和子・佐竹秀雄・竹野谷みゆき編

ひつじ市民新書001
市民の日本語 NPOの可能性とコミュニケーション
　加藤哲夫著　定価695円+税

ひつじ市民新書002
市民教育とは何か ボランティア学習がひらく
　長沼豊著　定価695円+税

シリーズ　文化と言語使用　1
コミュニケーションのダイナミズム　自然発話データから
井出祥子・藤井洋子監修　藤井洋子・高梨博子編
定価 2,600 円＋税

言語学翻訳叢書　15
話し言葉の談話分析
デボラ・カメロン著　林宅男監訳　定価 3,200 円＋税

会話分析の基礎
高木智世・細田由利・森田笑著　定価 3,500 円＋税

市民の日本語へ 対話のためのコミュニケーションモデルを作る
　村田和代・松本功・深尾昌峰・三上直之・重信幸彦著
　定価1,400円+税

共生の言語学 持続可能な社会をめざして
　村田和代編　定価3,400円+税

雑談の美学 言語研究からの再考
　村田和代・井出里咲子編　定価2,800円+税

Hituzi Language Studies No.1
Relational Practice in Meeting Discourse in New Zealand and Japan
　村田和代著　定価6,000円+税